아미타경 · 부모은중경
우란분경 · 대승리문자보광명장경

무량수여래회 편역

비움과소통

如來所以興出世唯說彌陀本願經

"부처님께서 세상에 오신 까닭은
오직 아미타부처님 본원의 바다를
말씀하시기 위함이니라."

목 차

머리말 : 정종의 종지   6

불설아미타경   23

불설우란분경   41

불설부모은중경   47

대승리문자보광명장경   69

원친채주참회발원문   85

부록 1 : 권왕가   117

부록 2 : 범부의 집지명호 수행법   145

부록 3 : 연지대사 왕생극락 발원문   151

불교 효행경

머리말

정종淨宗의 종지

정공법사

일체 염불법문 중에서 지극히 간단하고 쉬우며, 지극히 온당한 법문을 구한다면 곧 믿고 발원하여 부처님 명호를 전일하게 수지하는 것만한 것이 없다. 이런 까닭에 정토삼부경이 세상에 함께 유통되었지만, 고인들께서는 유독 《아미타경》만을 예불 일과로 삼으신 것이다. 어찌 지명일법이 세 근기를 두루 가피함이 아니겠는가!

> 又於一切念佛法門之中。求其至簡易至穩當者。則莫若信願專持名號。是故淨土三經並行。古人獨以彌陀經爲日課。豈非持名一法。普被三根。
> _《불설아미타경요해佛說阿彌陀經要解》, 우익蕅益 대사

1

부처님께서 염불왕생을 설하신 경전에는 삼부가 있습니다. 《무량수경》, 《관무량수경》, 그리고 본경인 《아미타경》으로 우리들은 「정토삼경淨土三經」이라고 부릅니다. 이 삼부경은 서방극락세계에 왕생하는 이치·방법·경계를 전일하게 말하고 있어, 옛 대덕들께서는

「왕생경往生經」이라 불렀습니다. 그 후 몇몇 조사대덕들께서 또 《화엄경》의 「보현행원품」과 《능엄경》의 「대세지보살염불원통장大勢至菩薩念佛圓通章」, 이 두 가지를 삼경 뒤쪽에 첨부하였고 이를 「정토오경淨土五經」이라 불렀습니다. 우리가 오늘날 보는 정토오경의 내력을 살펴보면 그것은 그렇게 유래되었습니다. 이 다섯 가지 경은 우리들에게 오로지 이 법문을 수학하여 서방극락세계에 태어나길 구하는 방법을 가르칩니다.

경전에서는 우리들이 염불하는 방법을 매우 많이 가르치고 있습니다. 그것을 귀납하면 네 가지에 벗어나지 않습니다. 첫째는 실상염불實相念佛이라 하고, 둘째는 관상염불觀想念佛이라 하며, 셋째는 관상염불觀像念佛, 넷째는 지명염불持名念佛이라 합니다. 이 방법은 모두 《관무량수경》에 있습니다. 그 가운데 지명염불의 방법은 제16관 하배생상下輩生想에 소개되어 있습니다. 부처님께서는 대본인 《무량수경》과 소본인 《아미타경》에서 우리들에게 오로지 지명염불의 방법을 취하도록 가르치셨습니다. 이로 보아 석가모니부처님께서는 「지명염불持名念佛」을 대단히 중시하셨음을 알 수 있습니다. 석가모니부처님께서 중시하심은 실제로 말하면 일체 제불께서 모두 중시하는 것으로 이른바 부처님과 부처님은 가르침이 같으므로(佛佛道同) 모두 이 법문을 중시하십니다.

그렇다면 이 법문은 어떤 점이 좋습니까? 얼마나 좋습니까? 확실히 일반 사람은 쉽게 체득하지 못합니다. 만약 진정으로 배우고 진정으로 이런 경계에 계입契入하지 못한다면 설명할 수 있는 방법이 없습니다. 선도대사와 영명연수대사, 연지대사와 우익대사 같은 대덕들께서는 그들의 저술에서 확실히 우리에게 매우 상세하고 명료하게 설명해 주고 계십니다. 그러나 우리들은 자신의 업장이 매우 무거워 이 책들을 읽을 수 없고, 이러한 법문을 들을 수 없으며, 여전히 청정한 신심을 일으키지 못합니다. 이것이 우리의 불행입니다. 그래서 반드시 선지식의 지도가 필요합니다. 선지식의 도움을 받아서 당신 스스로 진정으로 공부하고 수행한 다음 체득하여야 비로소 그것을 똑똑히 알 수 있습니다. 만약 열심히 수학하면서 독송하고 청경하지 않는다면 기껏해야 팔식(八識; 아뢰야식)의 밭에 선근을 조금 심었을 뿐, 업을 바꾸는 일이 일어나지 않고 문제를 해결할 수 없습니다.

만약 진정으로 이번 일생 중에 자신을 바꾸고 싶다면, 다시 말해 자신의 운명을 바꾸고 자신의 인생을 바꾸고 싶다면, 믿고 진정으로 행하시길 바랍니다. 분명 해내기 어려운 것은 없습니다. 사람마다 각자 확실히 운명이 있습니다. 운명은 어디서부터 생깁니까? 운명은 업으로부터 생깁니다. 당신이 업을 지으면 업이 바로 운명의 근원이 됩니다. 우리가 오늘부터 부처님의 가르침에 따라 수학하면서 일체 악업을 끊고 일체 선업을 닦아나가면 우리들이 얻는 결과는 당연히 악보를 여의고, 선과를 얻을 수 있습니다. 그래서 이는 확실히 이론적인 근거가 있는 것입니다.

네 가지 염불법문 중에서 가장 간단한 것이 「전지명호專持名號」입니다. 전專은 전심專心으로 하고 전일專一하게 하는 것이며, 지持는 수지하여서 그것을 잃지 않는 것입니다. 명호는 바로 「나무아미타불」 여섯 글자입니다. 우리들은 하루 종일, 1년 내내 이 한마디 부처님명호를 결코 떠나서는 안 됩니다. 염하는 방법은 「나무아미타불」 여섯 글자나 「아미타불」 네 글자를 염하는 것이 모두 가능하고, 큰 소리로 염해도 좋고 작은 소리로 염해도 좋으며, 소리를 내지 않고 마음속으로 묵념하여도 좋습니다. 다만 중요한 것은 중간에 중단하지 않고, 의심을 품지 않으며, 뒤섞지 말아야 합니다.

이렇게 염불하는데 얼마의 시간을 들여야 효과를 볼 수 있을까요? 제가 여러분에게 말씀드립니다. 3개월에서 6개월이면 효과를 봅니다. 그러나 진실로 하지 않으면 안 됩니다! 진실로 함(眞幹)이란 무엇입니까? 바로 방금 말씀 드린 세 마디, 의심을 품지 않고(不懷疑), 뒤섞지 않으며(不夾雜), 중간에 중단하지 않는(不間斷) 것입니다. 당신이 이 세 마디를 진정으로 실천하면 「진실한 염불」이라 합니다. 한편으로는 염불하고 한편으로는 다른 일을 생각하면 이것을 뒤섞음(夾雜)이라 합니다. 그러면 염불이 전일하지 못하고 그러면 효과를 얻을 수 없습니다. 몇 마디 부처님 명호를 염하다가 잊어버리고 중단해 버리면 안 됩니다. 부처님 명호가 한번 끊어져버리면 반드시 두 가지 현상이 일어납니다. 하나는 망상이 일어나고, 하나는 혼침昏沈에 빠집니다. 혼침은 무명에 떨어지는 것으로 아무것도 모릅니다.

오직 이 방법에 따라 염불해가면 3개월에서 반년의 시간에 당신의 업장은 소멸합니다. 당연히 업장이 완전히 소멸하지는 않겠지만, 확실히 일부분은 소멸함을 당신 스스로 느끼게 됩니다. 어떤 느낌이

들까요? 첫째, 머리가 종전에 비해 맑고 깨끗해집니다. 이전에는 정신이 늘 흐리멍덩했다면 지금은 어리석지 않고 총명하며, 지혜가 드러나서 이전과 달라집니다. 반년의 시간이면 효과를 거둘 수 있습니다. 둘째, 마음이 청정해집니다. 종전에 망상이 매우 많았다면 지금은 망상이 적어지고, 마음이 청정하고 번뇌가 적으며, 걱정 근심거리가 줄어들며, 마음이 비교적 안정되고 청정해지며 지혜가 생깁니다. 당신이 진정으로 이 방법으로 자신을 훈련해나가면 진실로 효과가 있습니다! 이 속에 들어있는 이론을 알든 알지 못하든 관계 없습니다. 이론을 알면 당연히 좋겠지만, 몰라도 행할 수 있습니다. 당신이 진실로 기꺼이 하기만 하면 이런 방법에 따라 확실히 효과를 볼 뿐만 아니라 효과가 대단히 빠릅니다. 다른 종파법문에서는 반년 동안에 효과를 볼 수 있는 경우는 그리 많지 않습니다. 염불법문은 확실히 효과가 있습니다.

어떤 법문이 온당합니까? 반드시 옛날 성인과 현인들의 가르침에 대해 신심이 있어야 하고, 그가 결코 자신을 속이지 않음을 알아야 합니다. 부처님께서는 사람들에게 거짓말을 하지 말라고 가르치셨는데, 어찌 당신이 스스로 다른 사람을 속일 리가 있겠습니까? 불가능합니다. 부처님께서 우리들에게 하신 말씀은 한 마디 한 마디 모두 진실합니다.

첫째, 염불하는 사람은 염불의 이론·경전에 대해서 통달하던 통달하지 못하던 관계없이 진정으로 믿고 진정으로 발원하고서 이 방법대로 수학하면, 당신은 곧 아미타부처님 본원 위신력의 가지를 얻게 될 것입니다. 중국 속담에 "불보살님께서 보우하신다"는 말이 있습니다. 염불하는 사람은 확실히 얻으니, 온당합니다.

둘째, 염불하는 사람은 의심을 품지 않고 뒤섞지 않으며 중간에 중단하지 않는다는 원칙을 따르기만 하면 공부가 무르익을 때 반드시 현세에는 불가사의한 감응이 있고, 임종시에는 부처님께서 결정코 마중하러 오셔서 접인하십니다. 사람이 세상에서 만나는 가장 큰 복보는 무엇입니까? 그것은 절대 재산도 아니고 절대 장수도 아닙니다. 세상 사람들이 구하는 것은 모두 가상으로 모두 한바탕 공입니다. 진정한 복보는 임종 때 병에 걸리지 않고 머리가 맑고 깨끗하여 자신이 어디로 가는지 아는 것이야말로 진정한 복보입니다. 옛날 사람들 중에는 이런 경계에 도달한 사람이 매우 많았습니다. 지금 사람들도 적지 않습니다. 왜 다른 사람들은 해내지 못하고, 나도 왜 해내지 못합니까? 차이는 없습니다. 해내는 사람은 진실로 닦은 사람입니다. 진실로 닦음은 방금 말했듯이 의심을 품지 않고, 뒤섞지 않으며, 중간에 중단하지 않으면 진정으로 해낼 수 있습니다. 우리가 오늘날 왜 해내지 못하겠습니까? 우리는 이 세 마디 원칙이 없이 행하기 때문입니다.

최근 몇 해 동안 대만에서 염불하여 왕생하신 분들을 보면 서서 가신 이도 있고, 앉아서 가신 이도 있습니다. 이들은 모두 병에 걸리지 않았고, 모두 어느 날 어느 때에 왕생할지 똑똑히 분명하게 알았습니다. 최근 40년 동안 이렇게 자재하게, 이렇게 소탈하게 왕생하신 분이 대만에서 총 2, 30여명이나 있었습니다. 염불왕생의 서상을 보이신 분도 5백 명을 넘어섭니다. 대만은 확실히 대단한 지역입니다. 남양南洋에서도, 싱가포르에서도, 말레이시아에서도 제가 몇 년간 경전 강의하러 가면 그곳 동수분들께서 모모 씨는 왕생할 때 앉아서 가셨고, 가는 때를 미리 알고 가셨다고 말해주셨습니다. 제가 들은 것만으로도 5, 6명이나 됩니다. 미국에서도 들은 적이 있습니다.

동수 여러분들께서 다 알고 계시는 감甘 노부인은 현재 멀리 샌프란시스코에 살고 계셔서 저녁에 여기 와서 경전강의를 듣기에는 불편하십니다. 몇 년 전에 그녀가 저에게 일러주셨습니다. 그녀에게는 친척 한 분이 계셨는데, 바로 미국에서 왕생하셨고 앉아서 가셨다고 합니다.

그녀는 말했습니다. "이 사람은 평상시 볼 수가 없었어요. 나이가 많아지자 집에서 아이들을 돌보고 밥을 지어주면서 그녀의 딸과 한 곳에 살았죠. 가는 그날, 언제 가셨는지 몰랐대요. 왜냐하면 매일 아침에 그녀가 아침밥을 지었는데, 그날 아침은 아침밥을 짓지 않아서 가족들이 곧 그녀의 방을 열어서 보니 그 어르신이 책상다리를 하고 앉아서 이미 돌아가셨더래요. 더욱 신기한 것은 그녀가 딸과 며느리, 아이들의 상복을 한 사람 한 사람 모두 잘 만들어서 모두 그녀의 침대 옆에 놓아두었다는 거예요. 언제 만들어 놓으셨나? 필시 아무도 보지 않는 때, 집안 식구들이 출근하고서 그녀가 집에서 이 상복을 만들어서 뒷일까지 깔끔하게 준비를 해 둔 것이 분명해요."

이로 보아 그분은 가는 때를 미리 아셨고, 그렇게 소탈하게, 그렇게 자재하게 왕생하셨음을 알 수 있습니다. 이것이 모두 증거입니다. 기독교에서는 증인(見證)을 말합니다. 우리 불법에서는 부처님께서 경전을 강설하실 때, 세 차례 법의 수레바퀴를 굴리시는데(三轉法輪), 첫째 당신에게 이치를 말씀하여 주시고(示轉), 둘째 비유를 들어 말씀하시며(勸轉), 셋째 증거를 꺼내어 당신에게 보여주십니다(證轉). 이들 왕생하는 사람들은 모두 증거로 확실히 이렇게 자재할 수 있습니다. 비결은 다른 것이 아니라, 바로 그 사람이 진정으로 행한 것에 있습니다. 즉 의심을 품지 않고, 뒤섞지 않으며, 중간에 중단하지 않고, 한마디 부처님 명호를 끝까지 염하였습니다. 그래서 이 법문은 가장 온당한 법문입니다. 이것보다 더 온당한 법문은 없습니다.

믿음과 발원과 부처님 명호를 전일하게 수지하는 것은 이 법문의 가장 중요한 조건입니다. 당신이 진실로 믿으려면, 진정으로 극락세계에 가길 원한다면 진정으로 아미타부처님을 친견하길 원하십시오. 여러분들은 반드시 한 가지 사실을 알아야 합니다. 부처님께서는 《금강경金剛經》에서 우리들에게 "무릇 모든 상은 다 허망하니라(凡所有相 皆是虛妄)." "일체 유위법은 꿈 같고 물거품 그림자 같으니라(一切有爲法 如夢幻泡影)."라고 말씀하셨습니다. 《금강경》은 고도의 지혜를 설한 경입니다. 우리들은 이 경문을 듣고 이 경문을 독송하지만 종래 진지하게 생각해본 적이 없어 이런 경계를 처음부터 끝까지 들어가지 못했습니다. 만약 진지하게 생각하고 또 생각해본다면 인생은 확실히 한바탕 꿈입니다. 죽을 때가 되어서야 한바탕 꿈이라고 여길 필요도 없이 실제로 날마다 꿈을 꾸고 있고, 매순간 꿈을 꾸고 있습니다. 죽을 때가 된 후 비로소 허망한 것이 아니라 눈앞에 보이는 어느 것인들 허망하지 않겠습니까? 어느 것이 진실한 것입니까? 결코 찾을 수 없습니다. 이것은 정말입니다.

이전을 생각하나 이후를 생각하나, 이것을 생각하나 저것을 생각하나, 얻으려고 근심하고 잃지 않을까 근심하니, 모두 망상·집착이라 합니다. 이러한 망상·집착은 모두 진실이 아니고, 하나도 진실한 것이 없으며, 이것이 진정한 깨달음임을 전혀 모르고 있습니다. 진정으로 깨닫고 진정으로 명백히 알아야, 당신은 기꺼이 내려놓을 수 있습니다. 이렇게 내려놓아야 사람은 깨닫고 마음은 청정해집니다. 세상에는 일체법을 얻을 수 없을 뿐만 아니라 우리 자신의 이 몸도 얻을 수 없습니다. 몸이 얻을 수 있는 것이라면 왜 늙어야 합니까? 왜 병이 들어야 합니까? 몸이 진정으로 자기라면 응당 해마다 18세 청춘이고 오래 살고 늙지 않아야 비로소 진실한 것입니다. 날마다 변화가 일어나고 찰나찰나 변화 속에 있으니 어느 것이 진실한 것입니까? 한 법도 진실한 것이 없습니다.

사람과 사람이 함께 지내고 사람과 이 세상이 함께 지내는 것은 다름 아니라「인연(緣)」, 이 한 글자임을 알아야 합니다. 인연이 모이고 흩어지니, 모든 것이 무상합니다. 인연이 모이는 때라고 기뻐하지 말고, 인연이 흩어지는 때라고 슬퍼하지 마십시오. 인연이 흩어지는 것은 정상적인 것으로 본래 이와 같아서 모두 하나의 인연에 있습니다. 그래서 불법에서는 이 세계를 「연생법緣生法」이라고 말합니다. 즉 인연으로 법이 생겨납니다. 무릇 연생법은 모두 진실이 아닙니다. 그래서 "무릇 모든 상은 다 허망하니라."라고 말씀하셨습니다. 이것은 부처님께서 진여실상을 우리들에게 설명해주신 것입니다. 우리들은 이러한 진여실상의 구경을 명백히 알아야 하고, 그러려면 자기 스스로 원만한 지혜를 성취해야 합니다.

원만한 지혜는 어떻게 해야 성취할 수 있습니까? 서방극락세계에 가서 아미타부처님을 친견하는 것이 가장 빠른 방법이고, 가장 곧장 질러가는 방법입니다. 우리들은 비로소 우주와 인생의 진상을 철저하게 명료하게 이해할 수 있습니다. 그래서 제불 조사들께서는 우리들에게 정토의 이 세 가지 조건을 수학하도록 가르쳐주셨습니다.

2

정토삼부경은 앞에서 말씀드렸듯이, 이 법문은 비록 묻는 사람이 없을지라도 석가모니부처님께서 중생의 기연機緣이 성숙함을 관찰하시고, 우리들을 위해 법문을 설해주신 것입니다. 《무량수경》에서 이렇게 기연이 성숙한 경우는 매우 희유하다는 것을 읽은 적이 있을 겁니다. 《무량수경》의 설법에 따르면 이 중생은 과거 무량겁이래로 수행으로 닦은 선근공덕이 있어 이번 생에 기연이 성숙된 것입니다. 왜 그렇습니까? 그는 비로소 이 법문을 믿을 수 있고 비로소 이 법문을 받아들일 수 있기 때문입니다. 만약 무량겁의 선근공덕이 성숙되지 못하면 설사 이 법문을 들을지라도 그는 전혀 믿을 수 없고 착실히 수학할 수 없습니다. 바꾸어 말하면 이번 일생 중에 왕생할 수 없습니다. 이런 사람은 성숙하지 못한 사람입니다.

진정으로 성숙한 사람은 한 번의 접촉으로 한 번에 받아들입니다. 그는 진정으로 의심을 품지도, 중간에 중단하지도, 뒤섞지도 않습니다. 이렇게 실천하는 사람만이 선근이 성숙한 사람입니다. 선근이 성숙한 사람은 이번 일생 중에 결정코 왕생합니다. 바꾸어 말하면 그는 이번 일생 중에 결정코 부처가 됩니다. 이것으로 다 됐습니다!

그래서 이 법문은 설사 모든 사람에게 권하여 모든 사람이 받아들이지 않고 믿지 않을지라도 낙심할 필요가 없고, 그를 책망할 필요가 없습니다. 왜 그렇습니까? 의심할 것도 없이 그의 선근이 성숙되지 않았기 때문입니다. 부처님께서도 도와주지 못하는데 우리들 중 어떤 사람이 도와줄 수 있겠습니까? 제불보살께서도 그를 도와줄 수 없습니다. 반드시 그가 다생다겁의 선근이 성숙되어야 합니다. 두 번째로 바로 시방여래께서 본원의 위신력으로 은연 중 드러나지 않는 가운데 그를 가지加持하여야 합니다. 그러면 그는 믿을 수 있고, 발원할 수 있으며, 행할 수 있습니다.

정토삼부경, 현재는 정토오경이 비록 세상에서 나란히 행해지고 있지만, 옛사람들은 오직 《아미타경》만 예불일과日課에 넣었습니다. 이는 중국불교에서 매우 보편적이었으며, 선종도 거의 예외 없이 포함합니다. 선종의 독송과본인 《선문일송禪門日誦》을 보면 그들은 저녁일과로 《아미타경》을 염송하였습니다. 선종의 어떤 파에서는 저녁일과로 홀수 날은 《아미타경》을 염송하고, 짝수 날은 팔십팔불을 염송하는데, 《아미타경》을 상당히 중시하는 것을 볼 수 있습니다. 중시하는 원인은 바로 "아미타불 명호를 지니는 일법이 두루 세 근기를 가피하기" 때문입니다.

일체 중생의 근기와 성향은 크게 상중하로 구분합니다. 이 법문은 일체 근기와 성향이 모두 닦을 수 있지만, 다른 법문은 이와 다릅니다. 예를 들면 선종에서는 단지 상근기의 사람만이 닦을 자격이 있고, 중근기·하근기의 사람은 몫이 없습니다. 육조대사의 《단경壇經》을 보면 매우 또렷하게 말합니다. 대사께서 받아들이는 사람, 즉 가르치는 대상은 상상승인上上乘人이라고 말씀하셨는데, 대승인大乘人보다 높은 사람을 요구했습니다. 육조께서는 신수神秀대사가 받아들이는 사람은 대승인이고, 그가 받아들이는 사람은 상상승인이라고 말했습니다. 이는 선종은 반드시 상근의 근기가 되어야 수학할 수 있고, 성취할 수 있을지 여부는 여전히 자신이 없습니다. 교하敎下에서는 화엄종·천태종·법상종·삼론종의 종파처럼 그들의 대상은 상근기·중근기의 사람입니다. 대개 상근의 이지理智를 가진 사람이 이 법문을 수학하면 모두 상당한 성취가 있고, 중근기의 성취도 다소 많지만, 하근기는 몫이 없으며 이익을 얻을 수 없다고 말할 수 있습니다.

오직 이 법문만이 상중하 세 근기, 심지어 이른바 글자를 모르는 할머니나 할아버지가 이 법문을 닦아도 왕생할 수 있고, 똑같이 지혜가 열립니다. 이는 진실입니다. 그래서 고인께서는 "만약 지혜로운 사람이나 어리석은 사람이나 모두 다 몫이 있어, 남녀노소 모두 다 닦을 수 있다."고 말씀하셨습니다.

《왕생전往生傳》에는 형주衡州 출신 왕타철王打鐵 거사의 사례가 기록되어 있습니다. 형주衡州는 바로 현재 후난湖南성 형양衡陽입니다. 형양 일대에는 왕타철의 영향을 받아 염불하는 사람이 매우 많습니다. 왕타철은 대장장이로 글자를 몰랐고, 그의 가족은 아내와 두 아이, 네 식구로 하루 일하지 않으면 하루 생활도 못할 정도로 매우 고되었습니다. 어느 날 한 법사를 만났습니다. 한 출가자가 그의 대장간을 지나가고 있었는데, 그를 보고서 매우 감동하였습니다. 이 출가인에게 대장간에 와서 앉을 것을 청하여 그에게 차 한 잔을 공양하였습니다. 그에게 가르침을 청하며 "저의 생활이 매우 괴로운데, 제가 괴로움을 여의고 즐거움을 얻을 수 있는 방법이 없겠습니까?"하고 말했습니다. 이 법사는 그에게 아미타불을 염할 것을 권하면서 "당신이 염불을 잘 하기만 하면 반드시 이익이 있을 것이오."라고 말했습니다.

그는 그 말을 진실로 잘 듣고서 이때부터 이후로 쇠를 두드릴 때 쇠망치로 두드리면서 아미타불, 들어 올리면서 아미타불 하였습니다. 풀무질을 할 때 밀어 내보내면서 아미타불, 빼내면서 아미타불하며 하루 종일 아미타불을 염하였고, 매우 부지런히 염불하였습니다. 그의 아내는 그녀에게 "당신은 쇠를 두드리는 일도 이렇게 고된 데, 거기다가 아미타불을 염하면 더 고되지 않아요?"하고 말했습니다. 그러자 그는 "아냐. 나는 종전에는 매우 고되었지만, 현재 아미타불을 염하면서 고되다고 느껴본 적이 없어." 이렇게 3년간 염불하였습니다.

어느 날 왕생할 때 그는 글자를 모르면서도 뜻밖에 시 한 수를 지어서 말했습니다. "댕그랑 댕그랑 오랫동안 담금질하니, 강철이 되었다. 태평에 거의 가까우니, 나는 서방에 왕생하겠다." 그는 쇠망치를 한번 두드리고서 그 자리에서 선 채로 왕생하였습니다. 병에 걸리지도 않고서 선 채로 돌아가신 것이었습니다. 이웃사람들이 이를 보고 큰 감동을 받았습니다. 이렇게 돌아가시는 경우는 대단히 보기 드뭅니다. 그와 같은 부류는 우리가 말하는 하근기의 매우 어리석은 사람으로 교육도 받은 적이 없고 책을 읽은 적도 없습니다. 그가 임종 때 시 한 수를 남긴 것으로 보아 그는 지혜가 열렸고, 미혹을 깨뜨리고 깨달음을 얻었으며, 개오한 후에 그렇게 소탈하게 돌아가셨고, 그렇게 자재하게 돌아가셨음을 알 수 있습니다.

제가 1968년(민국 57년), 대만 타이난(台南)에 있을 때 장쥔(將軍) 향鄕에 사는 할머니 한 분이 가는 때를 미리 알고서 선 채로 왕생하셨습니다. 작년에 제가 대만 가오슝(高雄)에서 강연할 때 이 일을 언급하자 청중 가운데 몇몇 분이 저에게 그들도 다 알고 있다고 말했습니다.

타이베이(臺北) 연우염불단의 이제화李濟華 노거사가 왕생 때 보여준 서상은 이보다 더 불가사의합니다. 어느 날 그가 돌아가려던 때 감甘 노거사가 현장에서 그의 법회에 참가하였습니다. 노거사는 연세가 80여 세였습니다. 그는 1시간 반가량 경전 강의를 하던 중에 노파심에 대중들에게 거듭 충고하며, "착실하게 염불을 잘 하십시오."라고 권하였습니다. 강의를 마친 후 대중에게 "저는 집으로 돌아갑니다."고 말했습니다. 사람들은 그가 80여 세라서 1시간 반 가량 강의를 하고 너무 피곤해서 집에 가서 휴식을 취해야겠다는 뜻으로 여겼습니다. 그런데 어르신께서 강단에서 내려와 강당 옆에 작은 응접실에 있는 소파에 앉은 채로 돌아가실 줄 어찌 알았겠습니까? 매우 자재하셨습니다! 그는 거의 2개월 이전에 왕생할 것을 알고 있었습니다. 틈이 날 때마다 그는 옛 친구들을 만나, 마지막 보는 것이라고 작별인사를 하였습니다.

어느 날 저녁에 법회에 참가하였습니다. 그때는 타이베이에 아직 택시가 없었고 삼륜차가 있던 시절입니다. 그는 아내와 삼륜차에 앉아 법회에 참가하러 가는 길에 그의 아내에게 상의를 했습니다. 왜냐하면 그에게는 몇 명의 자녀들이 있었지만, 모두 미국에 있어 노부부 두 사람만 같이 살고 있었기 때문입니다. 그는 말했습니다. "내가 왕생하려고 하는데, 당신 외롭지 않겠어요?" 그의 아내는 말했습니다. "당신이 왕생할 수 있으면 그것은 매우 좋은 일이죠! 저는 외롭지 않아요." 딱 잘라 대답하였습니다. 바로 그날의 일입니다. 그는 강의를 마친 후에 강단에서 내려와 정말로 돌아가셨습니다. 가는 때를 미리 알고, 정말 소탈하게 자재하게 돌아가셨습니다! 이는 타이베이 시에서 제가 직접 눈으로 본 것입니다.

아미타경의 이름만 들어도
곧 일승一乘에 들어가 다시는 되돌아오지 않으며,
입으로 아미타부처님의 명호를 염송한 즉
삼계를 벗어나 다시 돌아오지 않는다. 하물며
아미타부처님께 예배하고, 집중하여 염불하고,
찬탄하여 읊조리며, 극락의 불보살님과 장엄을
관觀하는 수행이겠는가.
- 원효대사 〈아미타경소阿彌陀經疏〉

불설아미타경

(한글 독송용)

노향찬 (합장)

향로에 향을 사루니
법계에 향기가 가득
부처님 회상에 널리 퍼져서
곳곳마다 상서구름 맺히나이다
저희 뜻 간절하오니
부처님 강림하옵소서

나무향운개 보살마하살
나무향운개 보살마하살
나무향운개 보살마하살

연지찬

연지해회 아미타부처님
관세음보살 · 대세지보살 연화대 앉으시어
저희들 접인해 황금계단 오르게 하시나이다
원하옵건대 큰 서원 널리 여시어
저희들 티끌세상 여의게 하옵소서

나무연지해회 보살마하살
나무연지해회 보살마하살
나무연지해회 보살마하살

나무본사석가모니불

(세 번)

개경게

위없이 높고 깊은 미묘한 법문
백천만 겁에도 만나기 어려워라
제가 지금 듣고 보아 수지하오니
여래의 진실한 뜻 알아지이다

불설아미타경

요진姚秦 삼장법사 구마라즙鳩摩羅什 역

이와 같이 나는 들었다. 한 때 부처님께서 사위국 기수급고독원에 머무르사, 큰 비구 대중 1,250명과 함께 계셨으니, 그들은 모두 대중들에게 널리 알려진 대아라한으로 곧 장로 사리불, 마하목건련·마하가섭·마하가전연·마하구치라·리바다·주리반타가·난타·아난타·라후라·교범바제·빈두로파라타·가루타이·마하겁빈나·박구라·아누루타 등의 여러 대제자들이었다. 그리고 문수사리 법왕자·아일다보살·건타하제보살·상정진보살 등의 여러 대보살들과 석제환인 등 무량한 제천들도 함께 하셨다.

그때 부처님께서 장로 사리불에게 이르시길, "여기에서 서쪽으로 십만 억 불국토를 지나가면 「극락」이라 이름하는 세계가 있고, 그 세계에는 명호가 「아미타」인 부처님께서 계시나니, 지금 그곳에서 안온히 주지하시면서 법을 설하시고 계시느니라.

사리불아, 저 국토를 어떤 인연으로 「극락」이라 하는가? 저 국토의 중생들은 어떠한 괴로움도 없고 오직 온갖 즐거움만 누리나니, 이러한 인연으로 「극락」이라 하느니라.

또한 사리불아, 극락국토에는 일곱 겹의 보배 난순과 일곱 겹의 보배 그물과 일곱 겹의 보배 나무가 있나니, 모두 네 가지 보배로 장엄되어 있고 그 주위를 둘러싸고 있느니라. 이러한 인연으로 저 국토를 「극락」이라 하느니라.

또한 사리불아, 극락국토에는 곳곳마다 칠보연못이 있어 그 속에는 팔공덕수가 가득하며, 그 연못의 바닥에는 순금모래가 깔려 있고, 연못 사방으로 계단길이 놓여 있으며, 금·은·유리·파려가 합하여 이루어져 있느니라. 그 길 위에는 누각이 있나니, 그 또한 금·은·유리·파려·자거·붉은 진주·마노로 장식되어 있느니라. 그 연못에는 갖가지 연꽃이 있나니, 그 크기가 수레바퀴만 하고, 푸른 빛깔에는 푸른 광채가 빛나며, 노란 빛깔에는 노란 광채가 빛나며, 붉은 빛깔에는 붉은 광채가 빛나며, 흰 빛깔에는 흰 광채가 빛나서 섬세하고 미묘하며 향기롭고 정결하느니라. 사리불아, 극락국토는 이와 같은 공덕 장엄으로 이루어져 있느니라.

또한 사리불아, 저 불국토에는 천상의 음악이 늘 연주되고, 대지는 황금으로 빛나며, 밤낮으로 여섯 때에 천상의 만다라화가 비 오듯이 내리느니라. 저 국토의 중생들은 늘 새벽마다 각자 옷자락에 온갖 미묘한 꽃을 가득 담아 타방세계 십만 억 부처님께 공양하고, 곧 식사 때에 본래 국토로 돌아와서 함께 식사하고 경행하느니라. 사리불아, 극락국토는 이와 같은 공덕 장엄으로 이루어져 있느니라.

다시 또 사리불아, 저 국토에는 늘 갖가지 기묘한 여러 빛깔의 새들이 있나니, 백학 · 공작 · 앵무새 · 사리새 · 가릉빈가 · 공명조 등과 같은 온갖 새들이 밤낮으로 여섯 때에 평안하고 단아한 소리를 내어서 그 소리가 오근 · 오력 · 칠보리분 · 팔정도 등 이와 같은 법을 연설하나니, 그 국토의 중생들은 그 소리를 듣고서 부처님을 생각하고 불법을 생각하며 승가를 생각하느니라. 사리불아, 이 새들이 실제로 죄의 과보로 생겼다고 말하지 말라. 왜 그러한가? 저 불국토에는 삼악도가 없기 때문이니라. 사리불아! 그 불국토에는 삼악도라는 이름조차 없거늘 하물며 실제로 그런 것이 있겠느냐? 이러한 갖가지 새들은 모두 아미타부처님께서 범음을 널리 펴고자 위신력으로 변화하여 이루어진 것이니라.

사리불아, 저 불국토에는 미묘한 바람이 불어와 모든 보배 나무와 보배 그물이 흔들리며 미묘한 소리가 나니, 이는 비유컨대 백천 가지 천상의 음악이 동시에 연주되는 것과 같으니라. 이 소리를 듣는 이는 모두 다 부처님을 생각하고, 불법을 생각하고, 승가를 생각하는 마음이 저절로 생기느니라. 사리불아, 저 불국토는 이와 같은 공덕장엄으로 이루어져 있느니라.

사리불아, 그대 생각에는 어떠한가? 저 부처님은 어떤 인연으로 명호를 「아미타」라 하는가? 사리불아, 저 부처님께서는 무량한 광명을 시방세계 불국토에 두루 비추시어 장애가 없느니라. 이러한 인연으로 명호가 「아미타」이니라.

또한 사리불아, 저 부처님과 그 국토 사람들의 수명이 무량무변 아승지겁이니, 이러한 인연으로 「아미타」라 이름하느니라. 사리불아, 아미타불께서 성불하신지 지금 십겁이 지났느니라. 또한 사리불아, 저 부처님께는 무량무변의 성문제자들이 있나니, 모두 아라한으로 그 수는 헤아려 알 수 있는 것이 아니고, 모든 보살대중도 또한 이와 같으니라. 사리불아, 저 불국토는 이와 같은 공덕장엄으로 이루어져 있느니라.

또한 사리불아, 극락국토에 태어나는 중생들은 모두 불퇴전지 보살이며, 그 가운데 일생보처 보살들도 매우 많아서 그 수는 헤아려 알 수 없으며, 단지 무량무변 아승지라 비유할 뿐이니라.

사리불아, 저 불국토의 극락장엄을 들은 중생들은 마땅히 저 국토에 태어나길 발원해야 하느니라. 왜 그러한가? 그들은 저 국토에서 이와 같은 수많은 상선인들과 한곳에 모여 살 수 있기 때문이니라.

사리불아, 적은 선근·복덕·인연으로는 저 불국토에 태어날 수 없느니라. 사리불아, 선남자 선여인이 아미타부처님에 대한 설법을 듣고, 그 명호를 집지하여, 하루나 이틀이나 사흘이나 나흘이나 닷새나 엿새나 이레 동안 일심에 이르러 산란하지 않는다면, 그 사람이 목숨을 마치려 할 때에 아미타부처님께서 수많은 성중들과 함께 그 앞에 나타나느니라. 그래서 그 사람은 임종할 때에 마음이 전도되지 아니하고 아미타부처님의 극락국토에 즉시 왕생할 수 있느니라.

사리불아, 나는 이러한 진실한 이익을 보았기에 이러한 말을 하는 것이니, 이 말을 들은 중생들은 마땅히 저 국토에 태어나길 발원해야 하느니라.

사리불아, 내가 지금 아미타불의 불가사의한 공덕 이익을 찬탄하는 것처럼 동방에도 아촉비불·수미상불·대수미불·수미광불, 묘음불 등과 같이 항하의 모래알 수만큼이나 많은 제불께서 계시며 각각 자신의 국토에서 광장설상을 내미시어 삼천대천세계를 두루 덮고 참되고 진실한 말씀으로 이르시길, "너희 중생들은 불가사의한 공덕을 칭찬하는 일체제불께서 호념하시는 경을 믿을지니라." 하시니라.

사리불아, 내가 지금 아미타불의 불가사의한 공덕 이익을 찬탄하는 것처럼 남방세계에도 일월등불·명문광불·대염견불·수미등불·무량정진불 등과 같이 항하의 모래알 수만큼이나 많은 제불께서 계시며, 각각 자신의 국토에서 광장설상을 내미시어 삼천대천세계를 두루 덮고 참되고 진실한 말씀으로 이르시길, "너희 중생들은 불가사의한 공덕을 칭찬하는 일체제불께서 호념하시는 경을 믿을지니라." 하시니라.

사리불아, 내가 지금 아미타불의 불가사의한 공덕 이익을 찬탄하는 것처럼 서방세계에도 무량수불·무량상불·무량당불·대광불·대명불·보상불·정광불 등과 같이 항하의 모래알 수만큼이나 많은 제불께서 계시며, 각각 자신의 국토에서 광장설상을 내미시어 삼천대천세계를 두루 덮고 참되고 진실한 말씀으로 이르시길, "너희 중생들은 불가사의한 공덕을 칭찬하는 일체제불께서 호념하시는 경을 믿을지니라." 하시니라.

사리불아, 내가 지금 아미타불의 불가사의한 공덕 이익을 찬탄하는 것처럼 북방세계에도 염견불·최승음불·난저불·일생불·망명불 등과 같이 항하의 모래알 수만큼이나 많은 제불께서 계시며, 각각 자신의 국토에서 광장설상을 내미시어 삼천대천세계를 두루 덮고 참되고 진실한 말씀으로 이르시길, "너희 중생들은 불가사의한 공덕을 칭찬하는 일체제불께서 호념하시는 경을 믿을지니라." 하시니라.

사리불아, 내가 지금 아미타불의 불가사의한 공덕 이익을 찬탄하는 것처럼 하방세계에도 사자불·명문불·명광불·달마불·법당불·지법불 등과 같이 항하의 모래알 수만큼이나 많은 제불께서 계시며, 각각 자신의 국토에서 광장설상을 내미시어 삼천대천세계를 두루 덮고 참되고 진실한 말씀으로 이르시길, "너희 중생들은 불가사의한 공덕을 칭찬하는 일체제불께서 호념하시는 경을 믿을지니라." 하시니라.

사리불아, 내가 지금 아미타불의 불가사의한 공덕 이익을 찬탄하는 것처럼 상방세계에도 범음불·수왕불·향상불·향광불·대염견불·잡색보화엄신불·사라수왕불·보화덕불·견일체의불·여수미산불 등과 같이 항하의 모래알 수만큼이나 많은 제불께서 계시며, 각각 자신의 국토에서 광장설상을 내미시어 삼천대천세계를 두루 덮고 참되고 진실한 말씀으로 이르시길, "너희 중생들은 불가사의한 공덕을 칭찬하는 일체제불께서 호념하시는 경을 믿을지니라." 하시니라.

사리불아, 그대 생각에는 어떠한가? 어떤 인연으로 「일체제불께서 호념하시는 경」이라 부르는가? 사리불아, 선남자 선여인이 이 경을 수지하고 제불의 명호를 듣는다면, 이 모든 선남자 선여인은 모두 일체제불의 호념을 받아 아뇩다라삼먁삼보리에서 물러나지 않을 것이니라. 그러므로 사리불아, 너희들은 나의 말과 제불의 말씀을 신수봉행할지니라.

사리불아, 아미타불 국토에 태어나겠다고 이미 발원하였

거나 지금 발원하거나 장차 발원하는 이들은 모두 아뇩다라삼먁삼보리에 물러나지 아니하여서 저 국토에 벌써 났거나 지금 나거나 장차 날 것이니라. 그러므로 사리불아, 모든 선남자 선여인이 이를 믿는다면 마땅히 저 국토에 태어나길 발원할지니라.

사리불아, 내가 지금 아미타불의 수많은 불가사의한 공덕을 칭찬한 것처럼 저 제불께서도 또한 나의 불가사의한 공덕을 찬탄하시며 말씀하시길, "석가모니부처님께서는 참으로 어렵고 희유한 일을 능히 하셨도다. 시대가 흐리고 견해가 흐리고 번뇌가 흐리고 중생이 흐리고 수명이 흐린 이 사바세계 오탁악세에서 아뇩다라삼먁삼보리를 얻으시고, 수많은 중생들을 위하여 이 일체 세간이 믿기 어려운 법을 설하셨도다." 하시느니라.

사리불아, 내가 이 오탁악세에서 이 어려운 일을 행하여 아뇩다라삼먁삼보리를 얻었고 일체세간을 위하여 이 믿기 어려운 법을 설하였으니, 이는 진실로 어려운 일임을 알지니라.

부처님께서 이 경을 말씀하시자, 사리불 등의 모든 비구들과 일체세간의 천·인·아수라 등이 부처님께서 하신 말씀을 듣고 모두 크게 환희하며 신수봉행하였으며, 부처님께 절을 하고는 물러갔다.

발일체업장근본득생정토신주

나무아미다바야 다타가다야 다지야타 아미리 도바비 아미리다 싣담바비 아미리다 비가란제 아미리다 비가란다 가미니 가가나 지다가리 사바하 (세 번 칭념)

미타찬彌陀贊

아미타부처님, 48대원 세우신 법왕이시여!
중생 위해 베푸시는 자비희사의 마음 헤아리기 어렵나니, 미간에서 항상 백호광 발하시어 중생들을 극락세계로 인도하십니다.

팔공덕수 연못에는 구품 연꽃 피어있고, 연못 주위에는 칠보의 미묘한 나무가 사이사이 줄지어 늘어서서 장식하고 있습니다.

아미타여래의 거룩한 명호를 선양하오니
저희들 접인하시어 서방극락에 왕생하게 하옵고,
아미타부처님 거룩한 명호를 칭양하오니
다 같이 서방극락에 왕생하게 하옵소서.

찬불게

아미타불 청정법신 금빛으로 찬란하고
거룩하신 상호광명 짝할이가 전혀없네

아름다운 백호광명 수미산을 둘러있고
검고푸른 저눈빛은 사해바다 비추시며
광명속에 화신불이 한량없이 많으시고
보살도를 이룬사람 또한 그지없나이다

중생제도 이루고자 사십팔원 세우시고
구품으로 중생들을 피안으로 이끄시네
나무서방극락세계 대자대비 아미타불

나무아미타불
(염불 수에 따라 백 번 내지 천 번 하고 다시 4자염불로 바꾼다)

아미타불
(백 · 천 번)

나무관세음보살
나무대세지보살
나무청정대해중보살(세 번)

대자보살 발원게 大慈菩薩 發願偈

서방극락 아미타부처님
시방삼세 제불 중에 제일이라
구품으로 일체중생 건져주시니
그 복덕과 위신력 무궁합니다

저희들이 이제 크게 귀의하오니
삼업으로 지은 죄업 참회하옵고
무릇 모든 복덕 선근 있으면
지극한 마음으로 회향하옵니다

원하옵건대 염불인에게 다같이
감응하여 때에 따라 현현하옵고

임종시 서방극락세계 경계
눈앞에 분명하게 나타나지이다

저희들 보고 들은 것, 모두 정진하고
다 같이 서방극락국토에 왕생하여
아미타부처님 친견해 생사 벗어나고
부처님처럼 일체중생 제도하겠나이다

끝없는 번뇌 다 끊고
무량한 법문 다 배우며
한없는 중생 다 건지고
위없는 불도 다 이루겠나이다

허공끝이 있사온들
저희서원 다하리까
유정들도 무정들도
일체종지 이루어지다

시방삼세일체불
일체보살마하살
마하반야바라밀

삼귀의

부처님께 귀의하와 바라노니 모든중생
큰이치 이해하고 위없는맘 내어지이다
　　　　(절하고 일어난다)

법보에게 귀의하와 바라노니 모든중생
삼장속에 깊이들어 큰지혜 얻어지이다
　　　　(절하고 일어난다)

승가에게 귀의하와 바라노니 모든중생
많은대중 통솔해 온갖장애 없어지이다
거룩하신 모든 성중에게 예경하나이다
　　(절하고 일어난다) (합장하고 인사한다)

회향게

바라노니 서방정토에 나되
상품연꽃 부모님으로 삼아
부처님 뵙고 무생법인 이루어
불퇴전지 보살과 도반 되오리

불교 효행경

佛說盂蘭盆經
불설우란분경

西晉 月氏 三藏 竺法護 譯
서진 월씨 삼장 축법호 역

이렇게 들었다. 어느 때 부처님께서 사위국 기타숲 외로운 이 돕는 절에 계실 적에, 대목건련이 처음으로 여섯 가지 신통을 얻고 부모를 제도하여 젖 먹여 길러준 은혜를 갚고자 하였다. 즉시에 도안(道眼)으로 세간을 관찰하니 그의 어머니는 죽어 아귀에 태어나 음식을 먹지도 보지도 못하였고 피골이 상접하여 있었다. 목건련이 슬피 울며 바루에 밥을 담아 어머니께 갖다주었더니 어머니는 바루의 밥을 보자 덥석 왼손으로 움켜잡고 오른손으로 밥을 움켜쥐었다. 그러나 밥이 입에 들어가기도 전에 갑자기 불덩이로 변하여 먹지 못하였다. 이것을 보고 목건련이 슬픈 나머지 크게 소리쳐 울며 부처님께 달려가 이러한 광경을 자세히 여쭈었다.

부처님께서 말씀하시되
"너의 어머니는 죄의 뿌리가 깊이 맺어서 너 한 사람의 힘으로는 어찌할 수 없느니라. 네가 비록 효순하여 이름이 천지를 진동할지라도 천신, 지신, 사마외도, 도사, 사천왕 신중들도 어찌하지 못할 것이요, 반드시 시방의 여러 스님네의 위신력을 얻어야 해탈할 수 있으리라. 내가 이제 너에게 구제하는 법을 말해 주어 온갖 어려운 이에게 모두 근심과 괴로움을 여의고 죄업이 소멸하게 하리라."

부처님께서 목련에게 말씀하시기를
"시방의 여러 스님네가 [음력] 7월 15일에 자자(自恣)를 할 때에 7대의 부모나 현재의 부모가 액난에 있을 이를 위하여 밥과 백가지 맛과 다섯 가지 과일과 물 긷는 그릇에 재일 되는 날 맛난 음식을 그릇에 담아 시방의 대덕 스님께 공양하여야 할 것이다. 이날에는 모든 성현들이 혹은 산간에서 선정을 닦거나, 혹은 성문 사과(四果)를 얻거나 혹은 나무 밑에 경행(經行)하거나, 혹은 육신통이 자재하여서 성문 연각을 교화하거나, 혹은 십지 보살이 방편으로 비구의 모습을 나타내어 대중 가운데 있으면서 모두 한결같은 마음으로 바루와 밥을 받느니라. 청정한 계와 성현들의 도가 구족하나니 그 공덕이 한량없느니라. 누구라도 이 자자하는 승가에게 공양하는 이는 현재의 부모와 7대의 부모와 육친 친속들이 삼도(三道)의 괴로움을 벗어날 것이요, 응당 이 때에 옷과 밥이 자연히 이르러 해탈할 것이다. 만일 다시 어떤 사람이 부모가 현존한 이는 백 년 동안 복락을 받을 것이요, 만일 이미 돌아가신 7대 부모는 천상에 태어나되 자재하게 화생하여 하늘 꽃 광명 속에서 무량한 쾌락을 받으리라."

그때에 부처님께서는 시방의 여러 스님들에게 말씀하시었다.

"모두 먼저 시주의 집에서 주(呪:주문 다라니)를 외고 7대의 부모를 축원하라. 선정에 들어 뜻을 편안히 한 뒤에 공양을 받으라. 처음 그릇을 받았을 때에는 먼저 불탑 앞에 놓고 여러 스님네들은 주(呪)를 외고 축원을 마치면 자기밥을 받을지니라."

그때에 목건련 비구와 이 모임의 대보살들이 모두 크게 환희하였으며, 목건련의 슬피 우는소리도 없어졌다. 이 때에 목건련의 어머니는 이 날로부터 1겁 동안 받아야 할 아귀도의 고통을 벗어났다.

그때에 목건련이 다시 부처님께 여쭈었다.
"저를 낳아준 어머니는 여러 스님네의 위신력으로 인하여 삼보의 공덕 힘을 얻었지만, 만약 미래 세상의 일체 부처님 제자들이 효순을 행하는 자도 또한 이러한 우란분(盂蘭盆)을 응당 받들어서 현재의 부모와 7대의 부모를 구제하기를 원한다면 이것이 불가하게 되지 않겠습니까?"

부처님께서 말씀하시었다.
"매우 좋고 즐거운 물음이다. 내가 바로 말하려는 것을 네가 다시 물었다. 선남자야, 만일 어떤 비구, 비구니, 우바새, 우바이, 국왕, 태자, 대신, 재상, 삼공(三共), 백관, 만민, 백성 등 자애로운 효행(孝慈)를 행하려는 이는 모두 현재의 부모나 과거의 7대 부모를 위하여 [음력] 7월 15일 부처님께서 기뻐하는 날, 스님네들이 자자(自恣)를 하는 날에 백 가지 맛있는 것을 우란분 안에 담아 시방의 자자하는 스님에게 베풀고 발원하되, 현재의 부모는 수명이 백년이고 병 없으며, 일체의 고뇌와 우환이 없게 하고, 내지 7대의 부모는 아귀의 고통을 떠나서 천상이나 인간에 태어나 복과 낙이 다함이 없게 해달라고 기원 할지니라."

부처님께서 선남자 선여인에게 말씀하시었다.
"이는 불제자로서 효순을 닦는 이가 생각 생각에 항상 부모를 생각하고 공양하되, 7대의 부모까지 함이니

라. 7월 15일은 항상 효순한 마음으로써 낳으신 부모와 내지 7대 부모를 생각하며 우란분을 만들어 부처님과 스님에게 공양하여 부모가 길러 주고 사랑하여 준 은혜를 갚는 것이니라. 너희들 일체의 불자는 응당히 이 법문을 받들어 지닐지니라."

그때에 목련 비구와 네 무리의 제자들이 부처님의 말씀을 듣고 환희한 마음으로 받들어 행하였다.

佛說盂蘭盆經 終
불설우란분경 종

불교 효행경

佛說大報父母恩重經
불설대보부모은중경

구마라집鳩摩羅什 한역漢譯

이와 같이 내가 들었다.

한 때 부처님께서 대비구 3만 8천 인과 보살마하살들과 함께 사위국 왕사성 기수급고독원에 계셨다.

그때 세존께서는 많은 대중을 거느리시고 남쪽으로 가시다가, 한 무더기의 뼈가 있는 곳에 이르렀을 때, 여래께서는 몸을 땅에 대고 그 뼈에 예배하셨다. 아난과 대중은 깜짝 놀라 부처님께 여쭈었다.

「세존이시여, 삼계를 통틀어 으뜸가는 스승이시며, 온 중생의 자비하신 어버이시라 만 중생이 귀의하고 예배드리는 여래이신데, 어찌 저 마른 뼈에다 예배를 하십니까?」

부처님께서 아난에게 이르시되,

「그대는 비록 나의 상수제자로서 출가한지도 오래

되었거늘 아직 널리 알지를 못하는구나. 이 한 무더기의 마른 뼈가, 혹 전생에 나의 조상이었거나 여러 대에 걸쳐 나의 부모였을지도 모른다. 그래서 내가 지금 예배를 한 것이니라.」

하셨다. 부처님께서는 다시 아난에게 이르셨다.

「그대는 이 한 무더기의 뼈를 두 가지로 구분하여라. 만약 남자의 뼈라면 희고 무거울 것이며, 혹시 여자의 뼈라면 검고 가벼울 것이다.」

아난이 다시 세존께 여쭈었다.

「세존이시여, 남자는 이 세상에 있을 때, 도포에 띠를 두르고 목화를 신고 사모를 쓰기 때문에 그 복장을 보고 남자임을 알고, 여자들은 붉은 연지를 바르고 고운 옷을 입고 있어 곧 여자임을 알지만, 죽고 난 지금은 그 뼈가 다 한 가지인데 어찌 구분이 되겠습니까? 이 제자에게 가르쳐 주십시오.」

부처님께서 아난에게 이르시기를

「아난아, 남자들은 세상에 있을 때, 때로는 절을 찾아가 강의도 듣고 삼보에 예배하고 부처님의 명호를 염하기도 했기 때문에 그 뼈가 희고 무겁다. 그러나 여자는 세상에 있을 때 정을 통하고 아들딸을 낳아 기르매, 자식 하나를 낳을 때마다 진한 피 서 말 서

되를 흘리고, 여덟 말 너 되의 젖을 먹여야 하기 때문에 그 뼈가 검고 가벼우니라.」

하셨다.

이 말씀을 들은 아난은 마음이 찢어지듯 하여 눈물을 흘리고 슬피 울며 부처님께 여쭈었다.

「세존이시여, 어찌 해야 어머님의 은덕을 갚겠습니까?」

부처님께서 아난에게 말씀하셨다.

「그대는 잘 듣고 또 잘 들어라. 내 이제 그대를 위해 차근차근 설해 주리라. 어머니가 아기를 배고 있는 열 달 동안의 쓰린 고통은 이루 말할 수 없느니라.

① 어머니가 아기를 배고 첫째 달은, 마치 아침에 맺혔다 저녁까지도 보전치 못하며, 새벽에 모였다 낮만 되면 쓰러지는 풀잎 위의 이슬과 같으니라.

② 어머니가 아기를 배고 둘째 달은, 마치 우유 방울을 떨어뜨린 것 같고,

③ 어머니가 아기를 배고 석 달이 되면, 마치 피가 엉긴 듯하고,

④ 어머니가 아기를 배고 넉 달이 되면, 차츰 사람의 모습을 갖추게 되며,

⑤ 어머니가 아기를 배고 다섯 달째는, 뱃속에서 다섯 부분의 모양이 생기느니라. 다섯 부분이란, 머리가 한 부분이고, 양 팔을 합하여 세 부분, 양 무릎을 합해 다섯 부분이니라.

⑥ 어머니가 아기를 배고 여섯 달째는 어머니 뱃속에서 어린 아기의 여섯 정기가 생기느니라. 여섯 정기란 첫째 눈이고, 둘째 귀, 셋째 코, 넷째 입, 다섯째 혀, 여섯째 뜻이니라.

⑦ 어머니가 아기를 배고 일곱 달째는, 어머니 뱃속에서 3백 60마디의 뼈와 8만 4천의 털구멍이 생기고,

⑧ 어머니가 아기를 배고 여덟 달째는, 아기의 의지와 지혜가 생기고 아홉 부분의 모습이 뚜렷해 지며,

⑨ 어머니가 아기를 배고 아홉 달째는, 아기가 어머니 뱃속에서 받아먹게 되느니라. 그러나 복숭아, 배, 마늘은 받지 않으며 오곡만을 받느니라. 어머니의 생장은 밑으로 향하고 숙장은 위를 향하여 한 산이 생기니, 이 산에는 세 가지 이름이 있느니라. 첫째는 수미산이요, 둘째는 업산, 셋째는 혈산이니라. 이 산이 한 번 무너지면 한 줄기 짙은 피가 되어 어린 아이의 입으로 들어가느니라.

⑩ 어머니가 아기를 배고 열 달째는, 마침내 낳게

되느니라. 만약 효성스럽고 착한 아이는 주먹으로 합장하고 나오니 어머니를 상하게 하지 않으나, 만약 오역죄를 지을 자식이면 어머니 태를 쳐서 찢고, 팔로는 어머니의 심장이며 간장을 치고, 엉덩이뼈를 발로 버티어 마치 천 개의 칼로 배를 휘젓고 만 개의 칼로 속을 찌르는 듯한 아픔과 고통을 주고 태어나느니라.

이 외에도 또 열 가지의 은혜가 있느니라.
첫째, 아기를 배고 지켜주신 은혜이니,
오랜 겁 동안의 막중한 인연으로
오늘날 어머니의 태를 빌어
달이 차서 오장이 생겨나고
일곱 달에 육정이 열리니
어머니 몸은 태산처럼 무거워
바람만 불어도 조심되고
비단옷은 두고도 안 걸치시고
경대에는 먼지만 쌓이네.

둘째, 해산할 때 고통 받으시며 낳아주신 은혜이니,
아기를 배고 열 달이 지나서
어려운 해산달이 하루하루 다가오니
아침마다 중병 걸린 사람 같고

나날이 정신마저 흐려지듯
그 어려움은 글로 적기 어려워라.
근심과 슬픔이 가슴에 가득하여
친족에게 슬픔을 호소하고
죽지나 않을까 두려워하시네.

셋째, 자식을 낳고 모든 근심을 잊으신 은혜이니,
인자하신 어머니가 그대 낳던 날
오장육부를 쪼개고 헤치는 듯
몸과 마음이 모두 끊기는 듯하고
마치 양을 잡은 자리처럼 피 흘렸어도
아기가 건실하단 말 들으면
그 기쁨이 더하고 또 더하네.
그러나 기쁨 뒤엔 다시 슬픔이 일어나니
그 고통이 몸과 마음에 사무치네.

넷째, 쓴 것은 삼키고 단 것은 먹여 주신 은혜이니,
부모의 은혜가 깊고 무거워
사랑과 보살핌 잠시도 잊지 않고
단 것은 먹이시느라 잡숫지 못하고
쓴 것은 잡수시되 찡그리지 않으시네.
지중하신 애정 누를 길 없어

그 은혜 깊은 만큼 슬픔도 더하시네.
언제나 자식들만 배부르면
인자하신 어머니는 굶주림도 사양 않네.

다섯째, 마른 자리 골라 아기 눕히고 젖은 자리에 누우신 은혜이니,
어머니가 온통 몸이 젖어도
아기만은 한사코 마른 자리에 눕히시고
두 젖으로 아기의 주린 배를 채워 주시고
옷 소매로 추위를 막아 주시고
아기 걱정에 단잠을 설치시고
아기의 재롱으로 기쁨을 삼으시니
오직 아기의 편안만을 생각하시고
인자하신 어머니는 편안함을 바라지 않으시네.

여섯째, 젖을 먹여 길러주신 은혜이니,
인자하신 어머니의 은혜가 땅이라면
엄하신 아버지는 하늘이시네.
덮어주고 안아주신 어머니 은혜,
아버지의 은혜도 그와 같아서
눈이 비록 없어도 미워하지 않으시고
수족이 불구라도 싫어하지 않으시네.

내 속으로 친히 낳은 자식이기에
종일토록 아끼시고 가엾이 여기시네.

일곱째, 더러운 것을 깨끗이 빨아 주신 은혜이니,
아, 예전에 그리도 고우시던 그 얼굴
풍만하고 아리땁던 그 자태
푸르른 버들잎 같던 두 눈썹
양 볼은 붉은 연꽃잎 같으시더니
은혜가 깊을수록 그 모습 쓰러지고
부정한 것 빠시느라 상하시어도
오로지 자식 걱정하시느라
인자하신 어머니의 얼굴이 바뀌셨네.

여덟째, 멀리 떠난 자식을 걱정해 주신 은혜이니,
죽어서 헤어짐도 잊기 어렵거늘
생이별은 더욱 더 마음 아픈 것.
자식이 집 떠나 타향에 가면
어머니의 마음도 타향에 있네.
낮이나 밤이나 마음은 자식 쫓아
흐르는 눈물 몇 천 줄기인가?
새끼를 사랑하는 원숭이처럼
자식 생각에 애간장이 끊어지시네.

아홉째, 자식을 위해서는 나쁜 일도 하신 은혜이니,
강산 같이 중하신 부모님 은혜
그 은혜 깊고 깊어 갚기 어려워.
자식의 괴로움을 대신 받기 원하시고
자식이 고생하면 어머니 마음도 편치 않네.
먼 길 떠난다는 말만 들어도
가는 길 잠자리는 춥지 않을까.
아들딸의 고생은 잠깐이지만
어머님의 마음은 두고두고 쓰려라.

열째, 끝까지 사랑하고 가엾이 여기시는 은혜이니,
부모님 은혜는 깊고도 무거워라.
사랑하는 그 마음 마르지 않아
앉으나 서나 마음엔 자식 생각 뿐.
멀리 있거나 가까이 있거나
자식 생각 떠나지 않네.
어머니의 나이 백 살이 되어도
여든 된 자식을 걱정하시네.
이같은 어머니의 사랑은 언제 끝나랴.
명이 다하시면 그제서야 그칠까?」

부처님께서 아난에게 이르셨다.

「내가 보건데, 중생들은 비록 인품은 이어받았으나 마음과 행실이 우매하여 부모에게 큰 은덕이 있음을 생각지 않고, 공경하는 마음이 없어 불효하며 의리가 없더라.

어머니가 아기를 배고 있는 열 달 동안은, 앉고 서는 것이 불안하고 마치 무거운 짐을 진 것 같고, 음식은 내리지 않아 마치 중병을 앓는 사람 같고, 달이 차서 아기를 낳을 때는 온갖 고통을 받으며, 자칫 잘못 되면 죽을까 두려우며, 마치 양을 잡는 것처럼 바닥에 피가 흐른다.

이처럼 고통을 받으며 이 몸을 낳은 뒤에는 쓴 것은 삼키고 단 것은 뱉어서 먹이고, 품에 안아서 기르시며 더러운 것을 빨아 주시면서도 싫어하거나 수고를 마다 않고, 더위도 참고 추위도 견디며 고생으로 생각지 않으신다.

자식은 마른 자리에 눕히고 어머니는 축축한 데서 자며 3년 동안이나 어머니의 젖을 먹이며, 자라서 동자가 되고 청년이 되면 예절과 도의를 가르쳐 혼인시키고 벼슬을 시키거나 직업을 갖게 해 주신다.

이처럼 무거운 짐을 지는 것 같은 수고를 하고 나서도 부모의 사랑은 그치지 않고 아들딸이 병에 걸리면 부모도 같이 앓고, 자식의 병이 나으면 인자한 어머니의 병도 낳으신다.

이와 같이 기르고 보살피며 어서 어른이 되기만을 바라신다.

마침내 자식이 다 자라면 오히려 불효를 하고 부모와 더불어 말을 하는데도 그 언행이 공손하지 못하고, 눈을 부라리고 눈을 흘기며, 부모와 형제들을 속이고 능멸하며, 형제간에 욕하고 때리며, 친척들을 헐뜯는 등 예절과 체모가 없다.

또 스승의 가르침도 따르지 않으며, 형제간에 한 말도 이를 어긴다.

어디를 가거나 돌아와서도 어른께 아뢰지 않고, 언행이 교만해지고, 제 마음대로 일을 처리한다.

이런 일은 부모로서 훈계하고, 백부나 숙부들도 이를 타일러야지, 귀엽게만 보고 어른들이 감싸 주면 차차 자라면서 사나워지고 삐뚤어져서 잘못을 일러 주면 오히려 성을 내고 원한을 품게 된다.

또 좋은 벗은 버리고 악한 친구들과 어울려, 이런 습성이 몸에 배서 마침내는 관기 어린 계교를 꾸미고, 남의 꾐에 빠져 타향으로 도망치거나 부모를 배반하여 집을 떠나 고향을 등지거나, 혹은 장삿꾼이 되거나 병졸이 되어 싸움터에 나가는 등 떠돌다 장가라도 들면 거기에 얽매어서 영영 집에 돌아오지 못한다.

혹은 타향에서 지내는 동안 근신하지 않고 함부로 굴다가 남의 꾐에 빠져 사건에 관련되어 관가에 잡히어 끌려 다니거나 억울한 형벌을 받고 감옥에서 목에 칼을 쓰고 발목에 사슬을 차기도 한다.

혹은 병에 걸려 고통 받고, 재난을 당해 곤하고 괴롭고 굶주려도 돌봐주는 사람도 없이 고생하다가 마침내 남의 미움과 천대를 받고 의지할 데도 없이 길거리로 쫓겨나서 죽게 되어도, 누구 한 사람 구원해 주지도 않으니 이윽고 죽은 뒤에는 시체가 붓고 썩고 햇볕에 쬐고 바람을 맞아 타향 땅에서 백골이 이리 저리 굴러 다니게 되니, 일가친척과 만나고 즐긴다는 것은 영영 이루지 못하게 된다.

부모의 마음은 늘 자식을 따르고 근심 걱정이 끊이지 않으니, 혹은 피눈물을 흘리며 울어 눈이 어두워지고 심하면 장님이 되기도 하고, 혹은 너무 서러워 기진하여 병이 나기도 한다. 혹은 자식 생각에 몸이 쇠약해져서 죽기도 하며, 외로운 혼이 되어서도 끝내 자식 생각을 잊지 못한다.

또 듣자니 자식이 효도와 의리를 숭상하지 않고, 나쁜

무리와 어울려 건달패가 되어 해로운 일만 즐겨서 하고, 다툼질이나 도둑질로 마을의 풍속을 어지럽히고, 술과 노름을 일삼고 많은 잘못을 저질러 형제들에게 누를 끼치고 부모를 괴롭히고 행패를 부리며 새벽에 집을 나가면 밤 늦게 돌아와서 부모의 근심을 더해주고, 부모가 어찌 지내며 추운지 더운지도 아랑곳하지 않으며, 조석 초하루 보름이 되어도 문안드리지 않으며, 부모를 편히 모실 생각은 아예 하지도 않으며, 부모가 늙고 쇠약해지면 남이 보기 부끄럽다고 화를 내고 구박을 한다.

또한, 부모 중 어느 한 쪽이 홀로 되어 쓸쓸히 지내게 되면, 마치 잠시 머물고 있는 손님처럼 대하고 기거하는 방에 먼지나 흙이 쌓여도 청소하지 않으며, 부모님이 기거하는 곳에 들려 문안하거나 보살피는 일이 없고, 춥거나 덥거나 굶주리거나 목이 마르거나 아랑곳하지 않고 일체 단절하고 사니, 부모는 낮이고 밤이고 늘 탄식하고 슬퍼하며 지내신다.

혹 맛있는 음식이 있으면 마땅히 부모에게 먼저 드려야 하거늘 그러지는 않고, 겉으로는 부끄러운 채하고 남이 흉을 본다면서도 제 아내나 자식에게만 갖다 주는 등, 이런 짓은 추하고 힘들고 또 부끄러워도 개의치 않는다.

또 아내나 첩과의 언약은 무슨 짓을 해서라도 다 지키면서 어른의 말과 꾸지람은 전혀 어려워하거나 두려워하지 않는다.

혹 딸자식인 경우, 시집가기 전에는 모름지기 효순하다가도 일단 남의 아내가 되어 출가하면 차츰 불효하게 된다. 부모가 조금만 꾸짖거나 나무라면 곧 노여워하고 원망하면서도, 남편이 꾸짖고 심한 말을 하면 참고 달게 받는다. 그 뿐 아니라, 성이 다른 시집 친족들에게는 정을 베풀고 극진하면서도 친정 혈육들은 오히려 멀리한다. 혹 남편 따라 멀리 타향에 가게 되면, 늙은 부모와 이별하고도 그리워하거나 사모하지 않으며 소식마저 끊어져, 부모들은 창자가 끊어지고 거꾸로 매달리는 것 같은 고통을 받으면서 늘 보고 싶어 하기를 목마른 사람이 물을 찾듯이 잠시도 잊지 못한다.

부모의 은공은 한량없고 가이없어 불효하는 허물을 졸지에 이루 다 말하기 어렵다.」

이때 대중들이 부처님께서 설하신 부모의 은덕을 듣고, 몸을 일으켜 땅에 엎드려 스스로 부딪치니 몸의 털구멍마다 피가 흐르고 기절하여 땅에 쓰러졌다가 한참만에야 정신을 차리고 큰 소리로 외쳐댔다.

「괴롭고 괴롭습니다. 마음이 아프고도 아픕니다. 저희

들이 큰 죄인임을 이제야 알았습니다. 지금까지는 어두운 밤에 헤매는 것 같더니 이제야 저희 잘못을 알고 마음과 간장이 모두 부서지는 것 같습니다.

세존이시여. 부디 저희를 불쌍히 여기시어 구원해 주십시오. 어찌해야 부모님의 깊고 무거운 은혜에 보답하겠습니까?」

이때 여래께서는, 여덟 가지 깊고도 무거운 미묘한 목소리로 여러 대중들에게 말씀하셨다.

「그대들은 잘 들어라. 내 이제 그대들을 위해 알아듣기 쉽게 설해 주리라.

가령 어떤 사람이, 왼쪽 어깨에 아버지를, 오른쪽 어깨에 어머니를 태우고 살갗이 닳아서 뼈가 드러나고 뼈가 닳아서 골수가 드러나도록 수미산을 백 천 번 돌아도 부모의 깊은 은혜를 다 갚지 못하리라.

가령 어떤 사람이, 흉년을 만나 부모를 위해 자신의 몸을 티끌처럼 잘게 다져서 공양하기를 몇 천 겁 동안 한다 해도 깊은 부모의 은혜를 다 갚지 못하리라.

가령 어떤 사람이, 자신의 눈동자를 예리한 칼로 도려내서 부모님을 위해 부처님께 공양하기를 백 천 겁 동안을 한다 해도 깊은 부모의 은혜를 다 갚지 못하리라.

가령 어떤 사람이, 부모를 위해 자신의 몸을 백 천 자루의 칼로 찔러 좌우로 쑤시기를 백 천 겁 동안을 거듭한다 해도 깊은 부모의 은혜는 다 갚지 못하리라.

가령 어떤 사람이, 부모를 위해 자기 몸에 불을 붙여 등을 삼아 부처님께 공양하기를 백 천 겁을 하더라도 깊은 부모의 은혜를 다 갚지 못하리라.

가령 어떤 사람이, 부모를 위해 뼈를 부수고 골수를 빼 내고, 백 천의 창으로 한꺼번에 몸을 찌르기를 백천 겁을 거듭한다 해도 깊은 부모의 은혜는 다 갚지 못하리라.

가령 어떤 사람이, 부모를 위해 뜨거운 무쇠 덩어리를 삼켜 온몸이 타고 지져지도록 하기를 백 천겁 동안을 거듭한다 해도 깊은 부모의 은혜는 다 갚지 못하리라.」

부처님의 말씀을 듣고 있던 대중들은 눈물을 흘리고 슬피 울면서 부처님께 여쭈었다.

「세존이시여, 이제야 저희들이 참으로 큰 죄인임을 알았습니다. 어찌 해야 깊고 깊은 부모님의 은혜에 보답하겠습니까?」

부처님께서 제자들에게 이르시기를,

「그대들이 부모님의 은혜에 보답하고자 하거든, 부모님을 위해 이 경을 쓰고, 부모님을 위해 이 경을 독송하고, 부모님을 위해 자신의 죄와 잘못을 뉘우치고, 부모님을 위해 삼보에 공양하고, 부모님을 위해 재계를 지켜 받들고, 부모님을 위해 보시를 해서 복을 지어라.

이렇게 하면 곧 효도하고 순종하는 자식이라 일컬을 것이며, 이런 행을 지키지 못하면 지옥에나 갈 자식이니라.」

하셨다.

부처님께서 아난에게 이르셨다.

「불효한 자식은 명이 다해 죽게 되면, 아비무간지옥에 떨어지느니라.

이 대지옥은 가로와 세로의 길이가 각각 8만 유순이며, 사면에 철로 된 성이 있어 쇠 그물이 쳐져 있고, 그 땅엔 붉은 쇠가 깔려 있고, 불길이 활활 타 올라 마치 용광로와 같고, 불길은 우뢰처럼 번지고 번쩍이느니라.

또 뜨거운 구릿물과 철물을 죄인의 입에 붓고, 무쇠로 된 뱀과 구리로 된 개가 연기와 불길을 뿜어 죄인들을 볶고 지져 몸의 기름이 타고 끓어 그 고통은 참고 견디기가 어려우니라.

또 쇠 채찍과 쇠꼬챙이와 쇠망치, 쇠창살, 칼 등이 바람개비처럼 돌고, 마치 구름과 비처럼 하늘에서 쏟아져 찌르고 베고 하느니라.

죄인들이 이처럼 벌 받기를 몇 겁을 해도 쉬지 않고 끊이지 않으며, 또 다른 지옥에 들어가서 머리에 불화로를 이고 다니기도 하고, 몸이 무쇠 수레에 찢기기도 하고, 또 창자며 뼈와 살이 이리 저리 불에 타기를 하루에도 천 번 만 번 거듭하느니라.

이런 고통을 받는 것은 바로 전생의 오역죄와 불효를 저지른 죄 때문이니라.」

대중들은 부모의 은덕에 대한 부처님의 설법을 듣고 눈물을 흘리고 슬피 울면서 부처님께 여쭈었다.

「저희가 어찌해야 깊고 깊은 부모의 은덕을 갚을 수 있겠습니까?」

부처님께서 대중들에게 이르셨다.

「그대들이 부모의 은덕에 보답코자 하거든, 부모를 위해 경전을 거듭 펴내라. 이것이 진정으로 부모의 은혜를 갚는 길이니라. 한 권의 경전을 펴면 한 부처님을 뵙고, 1백 권의 경전을 펴내면 1백 분의 부처님을 뵙고, 1천 권의 경전을 펴면 1천 분의 부처님을 뵙고, 1만 권의 경전을 펴면 1만 분의 부처님을 만나 뵙게 되리라.

이 사람은 경을 펴낸 공덕으로 여러 부처님께서 오시어

늘 옹호해 주실 뿐 아니라, 그의 부모는 천상에 태어나 온갖 즐거움을 누리며 영원히 지옥의 고통을 여의게 되리라.」

이때 대중과 아수라, 가루라, 긴나라, 마후라가, 사람과 사람 아닌 것과 그리고 천, 용, 야차, 건달바, 여러 나라의 왕 및 전륜성왕 등 모두가 부처님의 말씀을 듣고 나서 각기 원을 세우고 아뢰었다.

「저희는 이 세상이 다하도록, 이 몸을 티끌처럼 잘게 부수어 가루로 내는 일을 백천겁 동안 거듭할지언정 맹세코 여래의 거룩하신 가르치심을 어기지 않겠습니다.

또 백 천 겁 동안 혀를 끊어내어 그 길이가 백 유순이 되도록 늘리고, 쇠로 만든 쟁기로 이 혀를 갈아 피가 강처럼 흐르더라도, 맹세코 여래의 거룩하신 가르치심을 어기지 않겠습니다.

또 백 천의 칼날이 이 몸을 좌우로 찌르고 관통하더라도 맹세코 여래의 거룩하신 가르치심은 어기지 않겠습니다.

이 몸을 백 천 겁 동안 철망에 가두고 묶어 두더라도, 맹세코 여래의 거룩하신 가르치심을 어기지는 않겠습니다.

또 백 천 겁 동안 이 몸을 작두와 방아로 자르고 부수어 백 천 만 조각을 내서 살갗과 살덩이와 힘줄 뼈가 모두 흩어지더라도 맹세코 여래의 거룩하신 가르치심을 어기지는 않겠습니다.」

이때 아난이,

「세존이시여, 이 경의 이름을 무엇이라 하오며, 또 저희가 어찌 받들고 받아 지녀야 하겠습니까?」

하고 부처님께 여쭙자, 부처님께서 아난에게 이르시었다.

「이 경은 이름하여 '대보부모은중경'이라 하니, 그대들은 마땅히 이 이름으로 받들고 받아 지녀라.」

그러자 모든 대중과 천, 인, 아수라 등은 부처님의 말씀을 듣고 모두 크게 기뻐하고 믿고 받아 지녀 행하기로 하고 예를 드리고 물러났다.

- 불설대보부모은중경 끝 -

◆ 부모의 은혜에 보답하는 진언

　나모 삼만다 못다남 옴 아아나 사바하 (7번)

◆ 극락세계에 태어나기를 바라는 진언

　나모 삼만다 못다남 옴 싯데율이 사바하 (7번)

불교 효행경

선남자여, 제법의 진실한 본성은
줄곧 해탈되어 있음이
여래의 깨달음이며,
줄곧 해탈되어 있으므로
보광명장이라고 하느니라.
- 대승리문자보광명장경大乘離文字普光明藏經

大乘離文字普光明藏經
대승리문자보광명장경

각산 정원규 거사 번역

이와 같이 나는 들었다.

어느 때 부처님께서 왕사성 기사굴산에서 무량한 백천 나유타 수의 대보살들과 함께 계셨다.

이들은 모두 대지혜, 정진, 선교방편을 갖추고 말이 없는 법을 증득하고 묘한 변재 얻었으며 옳은 점, 그른 점을 서로 위반하지 않았으며 몸과 마음 잘 조절하고 모든 해탈을 갖추었네.

항상 삼매에 노닐며 대비의 마음 버리지 않고 참괴의 마음을 몸으로 삼고 지혜를 머리로 삼아 중생을 요익한 것이 큰 보배섬과 같이 많으며 제법(諸法)의 선하고 불선(不善)한 모습 깨달아 아네.

문자에 집착하지 않고 법문을 잘 설하며 진제와 속제의 문을 통달하여 걸림이 없으며 실제를 깊이 깨닫지만 그 가운데 머물지 않고 잘 분별하나 오온의 영향을 받은 바가 없네.

비록 생사를 싫어하나 항상 세간을 보호하고 주변의 시방세계에 큰 명성이 있으며 참되고 묘한 보광명장에 적연히 편안하게 쉬고 비록 몸을 받지만 영원히 삼계를 벗어났네.

모든 세계를 다니며 힘써 중생을 구제하고 평등하게 가르치며 뜻은 항상 어질고 착하며 평등하게 불쌍히 여기나 마음에 오염됨 없고 자기와 타인을 청정하게 하지 않음이 없네.

이와 같이 무량한 공덕을 성취하였네.

그 보살들의 이름은 다음과 같다.

승사유보살, 법진음보살, 묘신보살, 법망보살, 변적보살, 지지보살, 지세보살, 대명칭보살, 구제변보살, 천용상보살, 공덕산보살, 연화안보살, 연화면보살, 주계보살, 묘음보살. 이러한 여러 보살마하살들은 모두 동자(童子)와 같이 모습이 단정하고, 이 대중들 가운데 상수(上首)가 되었다.

이때 관자재보살은 항하사 수와 같이 많은 높은 자리를 이어받은 여러 보살들과 함께 하였으며, 수승견보살은 무앙수(無央數)와 같이 수많은 천제석들과 함께하였으며, 허공장보살은 무량한 보살들과 무량한 사천

왕들과 함께 하였으며, 대세지보살은 무량억의 범천들과 함께 하였으며, 변길상보살은 무량한 채녀들과 함께 하였다.

보현보살, 불공견보살, 성수왕보살, 리의보살, 식제개보살, 약왕보살, 약상보살은 각각 무량한 보살들과 함께하였다.

그 가운데는 또한 무량한 제불이 스스로 그 몸을 보살의 모습으로 변화하여 참석하셨다.

사리불존자, 마하목건련, 마하가섭 등 대아라한들은 각각 무량한 성문들과 함께하였다.

나라연(那羅延) 등 무량한 천상의 대중들과 내지 항하사 같이 수많은 국토의 해와 달의 제천들은 빛나는 광명으로 모두 부처님 계신 곳으로 왔으며, 부처님 처소에 도착한 후에는 그 천상의 빛나는 광명은 마치 많은 먹(墨)을 모아 염부단금(閻浮檀金)을 대한 것처럼 다시 나타낼 수 없었다.

바루나용왕, 덕차가용왕, 아나바달다용왕, 미음(美音)건달바왕, 무우탁(無憂濁)가루라왕은 각각 무량한 권속들과 함께 와서 이 법회에 참가하였다.

시방세계의 항하의 모래처럼 많은 보살들은 함께 이 사바국토에서 여래께 법문을 청하기 위하여 사부대중들과 동시에 이곳에 왔으며, 세간에서 뛰어난 특별하고 미묘한 갖가지의 공양물을 각각 손에 들고, 부처님과 모든 보살들에게 올린 후, 즉시 법회 가운데의 연화대 좌석에 앉았다.

이때 승사유(勝思惟)보살마하살은 자리에서 일어나 오른쪽 어깨를 드러내고, 우측 무릎을 땅에 대고 부처님을 향하여 합장하고 말하였다.

"세존이시여, 저는 지금 두 글자의 뜻을 여쭈어보려고 하오니, 여래께서는 허락하여 주십시오."

부처님께서 승사유보살에게 말씀하셨다.

"선남자여, 물어볼 것이 있으면 마음대로 물어보아라. 여래는 한 중생을 위하여 세간에 출현한 것이 아니라, 무량한 중생을 이롭게 하기 위하여 출현하였느니라."

그래서 승사유보살은 즉시 부처님께 말하였다. "세존이시여, 어떤 법이 모든 보살이 마땅히 영원히 떠나야 할 법입니까? 어떤 법이 모든 보살이 마땅히 항상 보호하고 지녀야 할 법입니까? 어떤 법이 모든 여래께서 깨달아 증득하신 법입니까?"

부처님께서 말씀하셨다.

"착하고 착하구나. 선남자여, 그대는 여래의 위신력으로 나에게 이와 같은 깊은 도리를 묻는구나. 상세히 듣고 상세히 들으라. 그것을 잘 사유하여라. 그대를 위하여 설하리라.

선남자여, 보살이 마땅히 떠나야 할 법이 하나 있는데, 이른바 욕탐(欲貪)이라고 하느니라.

선남자여, 모든 보살은 이러한 법을 영원히 떠나야 하느니라.

선남자여, 다시 보살이 마땅히 떠나야 할 법이 하나 있는데, 이른바 진노(瞋怒)라고 하느니라.

모든 보살은 이러한 법을 영원히 떠나야 하느니라.

선남자여, 다시 보살이 마땅히 떠나야 할 법이 하나 있는데, 이른바 우치(愚痴)라고 하느니라.

모든 보살은 이러한 법을 영원히 떠나야 하느니라.

선남자여, 다시 보살이 마땅히 떠나야 할 법이 하나 있는데, 이른바 아취(我取: 아집)라고 하느니라.

선남자여, 다시 보살이 마땅히 떠나야 할 법이 하나 있는데, 이른바 의혹(疑惑)이라고 하느니라.

선남자여, 다시 보살이 마땅히 떠나야 할 법이 하나 있는데, 이른바 교만(憍慢)이라고 하느니라.

선남자여, 다시 보살이 마땅히 떠나야 할 법이 하나 있는데, 이른바 해태(懈怠: 게으름)라고 하느니라.

선남자여, 다시 보살이 마땅히 떠나야 할 법이 하나 있는데, 이른바 혼면(惛眠: 혼침)이라고 하느니라.

선남자여, 다시 보살이 마땅히 떠나야 할 법이 하나 있는데, 이른바 애착(愛着)이라고 하느니라.

선남자여, 모든 보살은 마땅히 이와 같은 법을 영원히 떠나야 하느니라.

선남자여, 그대가 다시 나에게 묻기를, 어떤 법을 모든 보살은 항상 보호하고 지녀야 할 것인가? 선남자여, 모든 보살은 '자기가 좋아하지 않는 것을 다른 중생에게 가하지 말라'고 하느니라. 만약 모든 보살이 이 법을 수호하면, 제불여래의 모든 금계(禁戒)를 지키는 것이니라. 무슨 까닭인가?

스스로 자기의 목숨을 사랑하므로 중생의 목숨을 살생하지 않아야 하며, 스스로 자기의 재물을 중시하므로 남의 재물을 훔치지 말아야 하고, 스스로 자기의 아내를 보호하므로 남의 아내를 침범하지 않아야 하니, 이와 같은 등의 행을 모두 하나의 법이라 이름하느니라. 선남자여, 만약 여래의 말씀을 공경하고 따르는 자는 이 하나의 법을 항상 기억해야 하느니라. 무엇 때문인가?

괴로움을 좋아하는 중생은 아무도 없으며, 무릇 어떤

일을 하는 것은 모두 안락을 구하기 위함이며, 내지 보살이 무상정등정각(無上正等正覺)을 구하는 것도 자기와 남들이 모두 즐거움을 얻기 위한 까닭이니라. 선남자여, 이러한 뜻으로써 나는 '자기가 좋아하지 않는 것을 다른 중생에게 가하지 말라'는 말을 한 것이다.

모든 보살은 마땅히 이와 같은 법을 항상 보호하고 지녀야 하느니라.

선남자여, 그대가 물은 바와 같이, 어떤 법이 모든 여래가 깨달아 증득한 법인가? 선남자여, 아무런 법도 없음이 여래의 깨달음이니라. 무슨 까닭인가? 여래가 깨달은 것은 깨달은 바가 없다는 까닭이니라. 선남자여, 일체법이 생하지 않음이 여래의 깨달음이며, 일체법이 멸하지 않음이 여래의 깨달음이며, 일체법이 두 가지 치우친 견해를 떠난 것이 여래의 깨달음이며, 일체법이 진실하지 않음이 여래의 깨달음이니라. 선남자여, 모든 업의 자성(自性)이 여래의 깨달음이며, 일체법은 인연으로부터 생긴다는 것이 여래의 깨달음이며, 인연의 법은 마치 번갯불과 같다는 것이 여래의 깨달음이며, 인연으로 인하여 모든 업이 생긴다는 것이 여래의 깨달음이니라.

선남자여, 일체법의 법성(法性)이 보광명장(普光明藏)

인 것이 여래의 깨달음이니라.

선남자여, 어찌하여 법성을 보광명장이라고 이름하는가?

선남자여, 세간과 출세간의 지혜는 그것을 의지하여 생기며, 마치 어머니가 자식을 회임한 것과 같기 때문에 장(藏)이라고 이름하느니라. 만약 지혜가 생할 때 그 근본을 돌이켜 비추면, 이와 같은 법성은 반야바라밀(般若波羅蜜)이 섭수되는 창고가 되며, 이런 까닭으로 보광명장이라고 이름하느니라.

선남자여, 일체법은 환상과 같고, 아지랑이와 같음을 여래의 깨달음이라고 하느니라.

선남자여, 제법의 진실한 본성은 줄곧 해탈되어 있음이 여래의 깨달음이며, 줄곧 해탈되어 있으므로 보광명장이라고 하느니라.

선남자여, 일상법(一相法)을 여래의 깨달음이라고 하느니라. 어찌하여 하나의 모습[一相]이라고 하는가? 이른바 모든 법은 오지도 않고 가지도 않으며[不來不去], 인(因)도 아니고 연(緣)도 아니며[非因非緣], 생하지도 않고 멸하지도 않으며[不生不滅], 취함도 없고 버림도 없으며[無取無捨], 늘지도 않고 줄지도 않느니라[不增不減].

선남자여, 모든 법의 자성(自性)은 본래 비유할 수 있는 것이 없으며, 문자로 설명할 수 있는 것이 아니니라.

모든 여래는 이와 같은 법을 깨달아 증득하였느니라. 부처님께서 이 장엄왕의 문자를 떠난 보광명장 법문을 설하실 때, 십지(十地)보살이 보는 미진수(微塵數)의 중생이 모두 아뇩다라삼먁삼보리의 마음을 발하였다.

다시 이와 같은 미진수의 중생이 모두 성문(聲聞)과 벽지불(辟支佛)의 마음을 발하였다.

다시 이와 같은 미진수의 지옥에 있던 중생이 모두 고통을 벗어나 인간과 천상에 태어났다. 무량한 보살들은 초지(初地)보살의 지위에 들어갔으며, 무량한 보살들은 백천의 삼매(三昧)를 얻었으며, 무량한 중생들은 모두 이익을 얻지 않은 자가 없었다.

이때 부처님께서 라훌라에게 말씀하셨다.

"선남자여, 나의 이 법의 요점을 그대는 마땅히 수지하여라."

이 말씀을 하실 때, 법회 가운데의 구십억(九十億) 보살마하살들이 부처님의 위신력을 받아서 즉시 모두 자리에서 일어나 부처님께 말하였다.

"세존이시여, 저희들은 여래께서 말씀하신 법요(法要)

를 이 사바세계 최후의 시기에 사람들에게 유통하고, 그들을 위하여 설할 것을 서원합니다."

이때 사천왕(四天王)이 부처님께 말하였다.

"세존이시여, 만약 이 경전을 수지하는 자가 있으면, 저는 그를 옹호하고, 그의 뜻과 원이 모두 이루어질 수 있게 도울 것입니다. 왜냐하면 이 경을 수지하는 자는 법기(法器)이기 때문입니다."

이때 세존은 법회의 대중을 두루 살펴보시고 말씀하셨다.

"모든 인자(仁者)여, 내가 설한 매우 깊고 바르고 넓은 [甚深方廣] 희유한 이 법문은 선근이 적은 중생들은 듣고 받아들일 수 없느니라. 듣고 받아들일 수 있는 자는 나를 받들어 섬기고 공양하며, 또한 무상(無上)의 깨달음을 짊어질 수 있느니라. 이 사람은 마땅히 걸림 없는 변재(辯才)를 얻을 것이며, 반드시 청정한 불국토에 왕생할 것이니라.

이 사람은 임종 시에 반드시 아미타불과 보살대중을 현전에서 친견할 것이다. 내가 지금 이 기사굴산에서 여러 보살들에게 둘러쌓여 있듯이, 저 사람의 임종 시에도 이와 같이 친견할 것이니라. 마땅히 알아야 하느니라. 이 사람은 이미 다함이 없는 법장(法藏)을 얻었으며, 이 사람은 숙명통을 얻을 것이며, 이 사람은 악도에 떨어지지 않을 것이다. 선남자여, 나는 지금 모든 세간의 사람들이 믿기 어려운 법을 설하였다. 설령 오역죄(五逆罪)를 지은 중생이라도, 이 경을 들은 후 서사하고, 수지하며, 독송하고, 남을 위하여 해설하면, 모든 업장이 다 소멸될 것이며, 마침내 악도의 고통을 받지 않을 것이다. 이 사람은 즉시 불보살의 호념(護念)을 받으며, 태어나는 곳마다 모든 육근을 구족하고, 부처님의 관정(灌頂)을 받으며, 오안(五眼)이 청정할 것이니라. 선남자여, 요약하면 이 사람은 이미 불도(佛道)를 이루었다고 나는 보느니라."

부처님께서 이 경을 설하신 후, 승사유 등 일체의 보살과 모든 성문, 천룡팔부들은 모두 크게 기뻐하였으며, 믿고 수지하여 받들어 행하였다.

[회향게]

이 경의 독송 공덕을 법계에 회향하오니
보광명장을 진실로 증득하고
부처님의 무상정각을 속히 원만히 이루며
법계 중생이 다 함께 극락정토에 왕생하길 원하옵니다

대승리문자보광명장경의 수승한 공덕

- 징정(澄淨)법사

오늘 우리가 말하려는 이 경은 여러분이 이전에는 들어본 적이 없을 것이다. 이 경은 중국에서는 정토(淨土)에 속하면서 또한 선종(禪宗)에도 속한다.

티베트에서는 밀법 가운데 밀법(密法)이다. 1988년 북경 중국티베트어과 고급 불학원(佛學院)에 다닐 때 법왕 여의보(如意寶)대사께서 일찍이 나에게 사적으로 말하였다. "《대승리문자보광명장》은 밀법 가운데의 밀법이며, 복장(伏藏: 연화생대사가 후대의 중생을 위하여 곳곳에 감추어둔 진언과 경전 등) 가운데의 가장 깊은 복장으로서 곧바로 대원만(大圓滿)을 매우 빨리 증득할 수 있는 경인데, 왜 중국에서는 아는 사람이 없는가?"

내가 말하기를, "티베트에서는 아마도 이 경을 아는 사람이 매우 드물 것입니다." 그 분이 말하기를, "티베트에서는 많은 사람들이 받아들이지 못할 것이다. 이 경을 언급하면 반드시 마음에 싫어하는 마음을 낼 것이며, 어떤 사람은 믿지 않을 것이다. 심지어 공덕이 이렇게 큰 경문을 공개적으로 질의할 것인데, 그렇게 하면 복보를 크게 감하게 될 것이다. 이 경의 인연은 단지 중국으로부터 흥기(興起)할 것이며, 백 년이 지난 후 티베트에서는 비로소 받아들일 것이다. 그래서 나는 일반적으로 적게 언급한다." 대덕의 자비로운 교화와 대지혜를 가진 선지식의 중생제도가 지금에 생각이 나는데, 여전히 매우 감동이 된다.

이러한 인연으로 말미암아 나는 폐관(閉關)하여 이 경을 7년 동안 염송하였다. 내가 당시 이 경을 들었을 때 기본적으로 놀라지 않고 두렵지 않았으며, 그리고 마음속이 매우 기뻤으며, 그후 또 편안하고 고요함을 느꼈으니, 이것은 매우 이상한 일이며, 또한 법왕 여의보대사는 혜안이 있는 분이고, 설법이 매우 근기에 맞음을 충분히 증명한다. 대성취자는 바로 이러하며, 인연을 관하여 근기에 맞춰 법을 설하신 것이다.

이 경은 경문에서 말씀하는 바와 같이 말법시기에 중생을 제도하는 면에서 매우 중대한 작용을 발휘할 것이다. 예를 들면 경문에 "다시 이와 같은 미진수의 지옥에 있던 중생이 모두 고통을 벗어나 인간과 천상에 태어났다."고 하였듯이, 이 경은 매우 강한 중생제도의 공능을 갖추고 있다. 따라서 여러분이 이 경을 한 중생에게 전하면, 아마도 그를 제도하게 되는 것이다. 속가의 어머니가 돌아가셨을 때, 나는 그 분에게 이 경을 독송해 드리고, 아무런 불사도 하지 않았다. 그때 나는 새벽 3시에 일어나 독송하기 시작하여 밤 11시까지 독송하였다. 연속하여 4일간 독송하였는데, 내가 지장점찰(地藏占察)을 해보니, "몸을 버리고 이미 청정불국토에 왕생함"이라는 상이 나왔다. 그후 나는 많은 임종자들에게 이 경을 독송해 주었는데, 그들은 모두 가실 때 매우 편안하였다.

이 경은 방광류(方廣類)의 경전으로서 즉 최상승의 도리를 설하는 경이

다. 앞에서도 언급하였듯이, 이 경은 밀법 가운데 밀법으로서 바로 금강승(金剛乘) 가운데서도 최상이다. 티베트의 밀교에서는 이 경의 공덕은 50만회의 금강살타심주를 염하는 관(觀)을 닦은 공덕과 여기에 더하여 34,000회의 37무더기 만다라 공양을 올린 공덕을 합한 것과 완전히 같다고 한다. 이런 무량한 공덕을 듣고 많은 사람들은 믿지 못할 것이다. 무엇 때문인가? 경문에도 언급한 바와 같이, 선근이 부족하기 때문이다.

원나라의 명본(明本)스님은 그 당시 가장 수행이 높은 고승대덕 가운데 한 분인데, 그분이 말하시기를, "《대승리문자보광명장》을 한 번 독송하는 것은 34,000번의 진금과 순은의 만다라를 공양하는 것보다 수승하다."고 하였다. 이 분의 말씀은 거짓이 아니다. 법왕 여의보대사는 이 경은 대원만을 성취할 수 있다고 하였다. 이것은 진실한 말이다. 나는 어떤 거사가 이 경을 독송하고 머리에 길상초(吉祥草)를 꽂는 것을 직접 눈으로 보았다. 이 경을 공격하는 사람의 죄업은 생각하면 알 수 있을 것이다.

이 경을 독송하면 반드시 청정불국토에 왕생할 것이다. 무엇 때문인가? 이 경은 바로 실상(實相)염불이기 때문이다. 그리고 경의 후반부에서는 이 경은 업장을 소멸함이 수승하다고 하였다. 이 경은 오역죄의 대죄를 소멸할 뿐 아니라, 모든 업장을 소멸할 수 있다.

그리고 이 경을 수지하면 제불보살의 호념을 받고, 세세생생 제불의 관정을 받으며, 육근이 구족한다고 하였다. 따라서 이 경은 복덕과 선근을 원만히 할 수 있다. 종합하면, 이 경은 선과 정토를 함께 수행할 수 있는 선정쌍수(禪定雙修)의 경이며, 복과 지혜를 같이 닦을 수 있는 복혜쌍수(福慧雙修)의 경이라고 할 수 있다.

(스님의 글에서 중요한 부분만 발췌 번역하였음)
- 각산 정원규 거사 번역

불교 효행경

아난아, 그 어떤 중생이 지금 세상에서 아미타부처님을 친견하고자 한다면 마땅히 위없는 보리심을 발하여야 하고, 다시 극락세계를 전념專念해야 하며, 선근을 쌓고 모아서 지니고 회향하여야 하느니라. 이로 인해 부처님을 친견하고 저 국토에 태어나서 불퇴전을 얻고 나아가 위없는 보리를 증득하느니라.
-무량수경

원친채주冤親債主 참회발원문

1 : 들어가는 글

이 참회문은 정토종의 선지식께서 말법시대의 크나큰 죄로 인해고통 받는 중생들을 불쌍히 여기시어, 중생들 한 사람 한 사람이 수없이 많은 세월 동안 지은 모든 업과 육도六道 속에서 수없이 태어나고 죽는 가운데 원친채주冤親債主들과 맺은 갖가지 대립과 갈등을 소멸시키도록 하기 위해 지으신 것입니다.

우리가 수없이 많은 세월을 걸쳐 원한을 맺거나
애정으로 얽혀진 존재들이 이번 생에 우리들에게 진 빚을 갚으라고 찾아올 수 있습니다.
이러한 존재들을 원친채주라고 합니다.

"우리들 자신이 빚진 것,
우리들 자신이 사로잡혀 있는 것,
다른 사람들이 우리를 붙잡고 있는 것,
끝내지 못한 여러 인연들이 모두 장애가 되어
우리들의 극락왕생을 성취하지 못하게 할 수 있습니다.

그러므로 우리는 염불을 통해서 이번 생에
그들에게 빚지고 있는 은혜와 그들에게 빚지고 있는 원한을 모두 갚아주어야 합니다."

이 글은 미혹과 어리석음을 깨뜨려 없애고
세세생생 맺힌 원한을 풀어, 원친채주들과의 관계를 함께 부처님 공부를 하는 도반으로 바꾸고, 번뇌를 바른 깨달음의 지혜로 바꾸어, 생사의 고해苦海에서 깨달음에 이르도록 이끌어주는 불법이란 배를 함께 타고서 서방극락으로 돌아가길 서원하는 참회발원문입니다.

이 참회문을 읽고 나면, 마치 감로수를 마신 것처럼 마음속 폐부까지 깊이 스며들어 편안함을 느끼게 하고, 마치 청풍이 남아있는 구름을 한순간 깨끗하게 다 쓸어 없애듯이 우리의 몸과 마음을 확 트이고 밝게 하여 우주와 인생의 진실한 모습을 분명하게 깨닫게 할 것입니다.

이로 인해 우리는 바른 앎(正知)과 바른 견해(正見)로 수많은 중생들에게
전생의 원한을 잊게 하고,
맺힌 원한을 풀게 하고, 모든 인연을 다 내려놓고
깨달음을 구하고자 하는 마음을 확고하게 하고,
부처님의 자비하신 마음에 감사함을 느끼도록
이끌게 될 것입니다.

이 참회문을 읽은 사람들은 이 글의 한 글자 한 글자가 마음속 깊이

들어와 눈물이 절로 쏟아질 것입니다.
이 참회문을 얻으신 후에는 불법을 공부하는
수많은 사람들에게 불사를 행할 때나 아침·저녁으로 기도를 올릴 때에
정성스런 마음,
일체에 대해 공경하는 마음,
일체에 대해 부끄럽고 두려워하는 마음,
일체에 대해 자신의 잘못을 뉘우치고
용서를 비는 마음으로, 마음속의 번뇌를 다 내려놓고 열심히 읽도록
두루 권하십시오.

시작도 없는 무량한 세월 동안, 우리 자신과 관계를 맺어 온 원친채주들과 진지하게 협상하고, 이 참회발원문 속에 담긴 미묘한 이치를 함께 깨달아 우리 자신도 깨우치고 중생들도 깨우쳐, 철저하게 속히 잘못을 뉘우치고 각성하여 깨달음의 도를 구하고자 하는 진실한 마음을 더욱 더 가지도록 한다면, 불사와 염불공부가 모두 적은 노력으로 큰 성과를 거두는 효과를 얻을 수 있습니다.

이렇게 하신다면, 위로는 모든 불보살님들께서
중생들이 간절히 바라는 염원에 감응하실 수 있고, 아래로는 세상에서 일어나는 온갖 대립과
갈등을 풀어 없애고, 항상 중생들을 따를 수 있습니다.

중생들과 같은 마음, 같은 공덕, 같은 발원으로 수행하여 서방극락으로

돌아가는 길을 방해하는 모든 장애를 말끔히 치워버린다면, 이번 생에 반드시 깨달음의 열매를 증득하여 서방극락세계에 왕생하여 물러남 없이 부처님이 되실 것입니다.

우리 모두가 함께 법희法喜에 젖고,
함께 부처님의 은혜를 입고,
함께 인생과 우주의 진실한 실상眞如實相을
깨달으시길 발원합니다.
불초제자 정례

원친채주寃親債主 참회발원문 2 :

일체 고난 중생 선보살님들이시여, 용서를 구합니다!

참회발원문
자신의 잘못을 뉘우치고 용서를 구하는
이 참회발원문은 글이 비록 길지만 원만하므로,
병이 있는 사람 혹은 원한 맺힌 사람과
급히 화해하고자 하는 분이 읽으신다면
실제로 큰 이익을 얻을 수 있으십니다.

이 참회발원문을 읽을 때,
지극히 정성스런 마음,
일체에 대해 공경하는 마음,
일체에 대해 부끄럽고 두려워하는 마음,
일체에 대해 자신의 잘못을 뉘우치고
용서를 구하는 마음으로 이 글의 뜻을
정확히 알아 깊이 새기면서 읽으신다면,
반드시 원친채주들이 그 마음을 알아
감동하여 맺힌 원한을 풀 수 있습니다.

(날마다 2번 읽을 것이며, 가장 좋은 것은
이 참회문을 읽으신 후 15분 동안 "아미타불" 부처님 이름을 부르는 것입니다. 그렇게 하시면 즉시 그 순간에 원친채주들을 제도할 수 있고, 모든 일이 뜻하는 대로 이루어질 것입니다.
만약 별도로 참회를 올리는 분의 작은 위패를 모셨을 경우에는 반드시 염불한 후 즉시 태워 버리십시오.)

이 참회발원문에서는 염불하여 원친채주를 극락세계에 함께 태어나는 도반으로 삼으라는 의미로, 착한 보살님, 즉 선보살善菩薩님이라 부르겠습니다.

일체 원친채주 선보살님들에게 회향하는 참회발원문 (여기서부터 독송하세요)

헤아릴 수 없이 길고 긴 세월 동안
저 ○○○로 인해 상처 받은
허공 법계에 두루 계시는
일체 고난 중생 선보살님들이시여!

너무나 너무나 죄송합니다. (1배拜)
제가 잘못했습니다. (1배)

제가 정말로 잘못했습니다. (1배)
진심으로 용서를 빕니다. (1배)
진심으로 용서를 구합니다. (1배)

저 ○○○는 셀 수 없이 길고 긴 세월 동안
태어나고 죽고 다시 태어나고 죽는 가운데,
마음이 헷갈리고 뒤바뀌어 온갖 못된 짓을 저질렀으며,
선보살님 당신들께 알게 모르게 죄를 지었고,
또한 선보살님 당신들께 상처를 주었고,
심하게는 선보살님 당신들을 살해하였으며,
선보살님 당신들의 몸과 마음에
크나큰 고초를 겪도록 하였고,
한량없는 고통을 받게 하였으며,
한량없는 번뇌를 늘어나게 하였습니다.
이로 인해 선보살님 당신들께서 지금까지도
지옥에 떨어져 벗어나지 못하도록 하였습니다.

저는 제 자신의 죄업이 깊고 무거우며,

죄악이 극에 달하여 도저히 용서받을 수 없음을
깊이깊이 느낍니다. 이 모두가 오랜 세월 제가
탐욕과 성냄과 어리석음과 오만과 의심으로
몸과 말과 생각으로 지은 일체 죄업과 일체 잘못 때문
입니다.
저는 그 어떤 말로도 이 부끄러운 마음, 이 두려운
마음, 이 미안한 마음, 이 잘못을 뉘우쳐 용서를 구하는
마음을 표현할 길이 없습니다.

또한 어찌 한 두 마디 미안하다는 말로
선보살님 당신들께 입힌
크나큰 상처를 풀 수 있겠습니까?
저는 저의 허물을 깊이 잘 알고 있습니다.
제가 어떻게 감히 선보살님 당신들께
용서를 구할 수 있겠습니까?
그저 저의 온 마음을 다해 지성껏 선보살님 당신들께서
영원히 모든 괴로움에서 벗어나 온갖 즐거움을 얻을
수 있도록 제가 도울 수 있길 간절히 바랄 뿐입니다.

만약 선보살님 당신들이 저에게 보복하여,
선보살님들께서 쓰라린 고통과 원한 속에서
조금이라도 벗어나실 수 있다면,
저는 결코 감히 반항하지도 않고,
결코 감히 피하지도 않고,
결코 한 마디 원망의 말도 하지 않겠습니다.
이것은 제 자신이 지은 죄업이고,
반드시 제가 받아야 할 과보이기 때문입니다.

하지만 지금 저는 불·법·승 삼보에 귀의하여
부처님의 법을 듣고, 인과因果가 쉬지 않고
계속 돌아가는 이치를 분명하게 깨달았습니다.
그러므로 만약 선보살님 당신들께서 이번 생에 다시
저에게 보복하고 저를 해친다면, 인과의 법칙으로
인해 다음 생에 저 또한 선보살님 당신들을 보복하러
올 수 있다는 것을 반드시 분명하게 아셔야 합니다.

이렇게 되면 선보살님 당신들과 저는 한평생 또 한평생
끊어지지 않고 계속해서 서로 뒤엉켜, 세세생생 우리

모두가 번뇌와 쓰라린 고통 가운데에서 함께 지내게 될 것이니, 누구도 좋을 것이 없습니다.
이는 실로 다 함께 망하는 어리석은 짓일 따름입니다.
세세생생 이렇게 원망하고 서로 보복하여 언제 끝날지 기약이 없으니, 피차 서로의 앞날에 벌어질 상황은 눈으로 불 보듯이 뻔합니다.

원친채주寃親債主 참회발원문 3 :

세세생생 모든 중생들을 용서하겠습니다

총명하신 선보살님들이시여!
당신들께서 설사 저에게 보복하셨을지라도,
당신들은 지금도 여전히 육도 가운데
어느 곳인가에 계실 것입니다.
아직도 여전히 육도에 계시면서 여전히 육도에서 벗어날 수 없으니, 이것이야말로 가장 괴로운 일입니다.
더 이상 다시 미혹에 빠져서는 안 되며,
반드시 괴로움에서 벗어나 즐거움을 얻는
밝은 광명의 대도大道를 찾으셔야 합니다.

저는 지금 깊이 잘 알고 있습니다.
일체 중생들은 모두 수없이 많은 세월 동안
우리 자신의 부모님이시고,
우리들에게 끝없는 은혜를 베푸셨으며,
일체 중생들은 모두 부처님이 될 수 있는

씨앗(佛性)을 가지고 있으므로,
모두가 언젠가는 반드시
아미타 부처님이 되실 것이고,
또한 우리 자신과 한 몸입니다.

저는 지금부터 미래 세상이 다할 때까지
생명으로 존재하는 매 순간순간마다,
허공 법계에 두루 존재하는
한 분 한 분의 모든 중생들에게
감사하는 마음, 효도하는 마음,
자애로운 마음, 정성과 공경을 다하는 마음,
부끄럽고 두려워하는 마음,
겸손하고 자신을 낮추는 마음이 가득하고,
인과因果를 깊이 믿고, 악을 끊고 선을 행하며,
살생을 그치고, 채식을 하며, 방생하고, 염불하며,
저에게 주어진 상황에 만족할 줄 알고,
항상 즐거워하며, 자애롭고 유순하며 온화하고,
마음 도량을 넓히고 키우며,
남을 잘 이해하고,

모든 사람들을 두루 포용하겠습니다.

저는 이 순간부터
세세생생 모든 중생들을 용서하겠습니다.
과거에 저를 죽였고 상처를 주었던
중생들을 너그럽게 용서하겠습니다.
현재 저를 죽이고 상처 주는 중생들을
너그럽게 용서하겠습니다.
미래에 저를 죽이고 상처 줄 중생들을
너그럽게 용서하겠습니다.

그러나 만약 선보살님 당신들께서 이해해주지도 않고, 너그럽게 용서해주지도 않고,
성내고 원망하며 보복하려는 이러한 마음을 지니신다면, 한없는 세월이 다하도록 지옥의 칼산과 칼나무들이 빽빽한 가운데에서 온갖 고통과 벌을 받음이 끝나지 않을 것이며,
또한 1초에 7만 번이나 참혹하게 죽었다가는
곧 바로 다시 태어나는 상상을 뛰어넘는

끝없는 극심한 고통 가운데에서 영원히
빠져나올 기약이 없을 것입니다.
저는 진심으로 선보살님 당신들께서
영원히 조금의 고통도 다시는
받지 않으시기를 간절히 희망합니다.

원친채주寃親債主 참회발원문 4 :

아미타 부처님께서는 우리들을 애타게 기다리고 계십니다.

부처님께서는 저희들에게 말씀해주셨습니다.
"일체의 유위법有爲法은 꿈 같고,
물거품 같고, 그림자 같고,
이슬과 같고, 또한 번개와 같으니라."
"무릇 모양(相)이 있는 것은 모두가 허망하니라."
"과거의 마음도 얻을 수 없고,
현재의 마음도 얻을 수 없으며,
미래의 마음도 얻을 수 없느니라."
"일체의 법은 있는 바가 없고,
필경에는 공空하여 얻을 것이 없느니라."
"모든 법은 다 공空하지만,
그러나 인과因果는 오히려 공空하지 않느니라.
그 까닭은 인因이 변하여 과果가 될 수 있고,
과果 또한 변하여 인因이 될 수 있으므로

인과는 공空하지 않으며,
또한 인과 과는 계속해서 돌고
돌므로 인과는 공하지 않느니라."
그러므로 일체 법은 모두 절대로 인과를 떠나지 않습니다.

총명하신 선보살님들이시여!
당신들께서는 오직 한때의 쾌락만을 쫓아가셨을 뿐,
그것이 선보살님 당신들을 영원히 고통의 바다에 빠지도록 만들었다는 것을 생각하지 못하셨을 것입니다.
금생에 저는 다행히 부처님의 법을 듣게 되어
몸과 마음이 이제껏 가져본 적이 없는 이러한 즐거움을
느끼게 되었습니다.

마치 오랜 가뭄에 감로수를 만난 것처럼
몸과 마음을 깨끗하게 씻어낼 수 있었으며,
그리고 미혹된 마음으로부터 깨어나게 되었습니다.
무엇보다도 특히, 저는 이번 한 생에 해탈하고
성불할 수 있는 가장 수승한 염불법문을 듣게 되었습니

다.

서쪽에는 오직 즐거움만이 있는 극락세계가 있습니다.
극락세계에는 고통 받는 지옥도·아귀도·축생도가 없고,
또한 태어나고 죽는 고통이 없으며,
어떠한 원한도 없고, 쓰라린 괴로움과 고난도 없으며,
더욱이 고통이란 말조차 없어 들을 수가 없습니다.
극락세계야말로 진정으로 영원히 변하지 않는
편안한 우리들의 고향집 앞마당입니다.

극락세계에는 더 없이 인자하고 선량하신 보살님들께서 우리들과 함께 지내며, 아미타 부처님의 자비롭고 온화하신 품속에서는
바람소리·빗소리·물소리가
모두 미묘한 법을 연설하고,
백학·공작이 밤낮으로 여섯 차례
항상 평화롭고 맑은 소리로 노래하며

미묘한 법을 말해줍니다.

극락세계는 청정하고 장엄하고 드넓고 반듯하며, 이루 말할 수 없이 수승하고 아름답습니다.
곳곳마다 밝은 빛을 뿜어내고,
향기롭고 깨끗함이 끝이 없으며,
땅은 황금으로 덮여 있고,
칠보 누각은 진주 나망으로 덮여 있으며,
사계절이 봄날처럼 화창하고,
밤낮으로 여섯 차례 하늘에서 미묘한 꽃비가 내리며,
허공에는 하늘음악이 울려 퍼집니다.
칠보로 이루어진 연못 속에는
여덟 가지 공덕의 물 위에
수많은 파란 연꽃, 하얀 연꽃,
노란 연꽃, 빨간 연꽃들이
활짝 피어 사방에 찬란한 빛을 뿌립니다.

지극한 정성으로 염불하는 모든 중생들은
아미타 부처님께서 오셔서 데려가 주시는

가피를 받아 서방정토 극락세계에 이르러
모두 연꽃 안에서 새롭게 태어납니다.
극락세계에는 더없이 착한 사람들이
모두 한곳에 모여 계시며,
어떤 분은 즐겨 법을 설하고,
어떤 분은 즐겨 법을 들으며,
즐거워 기뻐하지 않은 사람이 없습니다.
극락세계는 걱정과 근심이 없어
몸이 가뿐하고 자연스러우며,
편안하고 한가로워 자유로우며,
화목하고 길상하여 평안하며,
피부는 윤기가 흐르고 부드러우며,
모두가 영원히 청춘이고 늙지 않습니다.

황금색 빛나는 몸을 받으며,
수명은 끝이 없으며,
신통이 구족하고 자재하여 장애가 없으며,
궁전이 몸을 따르며,
옷과 음식이 원하는 대로 나타납니다.

불전을 장엄하는 깃발과 하늘덮개,
꽃향기와 하늘음악이 생각을 따라 이르며,
한순간에 시방세계 모든 부처님께 두루 공양 올리며,
온 허공법계는 다 우리가 자유자재로 오고가는 공간입니다.
극락세계에 태어난 사람들은 누구나
깨끗하고 텅 비어 있는 몸과
육신통을 갖춘 다함없는 몸으로
무수히 많은 몸을 온 법계에 나투어
중생들을 남김없이 다 제도하십니다.

서방정토 극락세계에는 아미타 부처님께서 계십니다.
아미타 부처님께서는 중생들에게 즐거움을 주려는 마음,
고통을 없애주려는 마음, 함께 기뻐하는 마음,
평등한 마음이 끝이 없으시어,
48대원을 세우셨습니다.
아미타 부처님께서는 설사 우리들이
오역죄五逆罪와 십악十惡을 저지를지라도,

우리들을 차마 싫다고 내치지 않으시고,
또한 우리를 차마 떠나지 않으십니다.

아미타 부처님께서는 자비하신 마음으로
아무런 조건 없이 평등하게 일체 중생들을 구제하십니다.
마치 하나뿐인 자식이 돌아오길 기다리시는 부모님처럼 언제나 우리들이 돌아오길 간절히 바라고 계십니다.
아미타 부처님께서는 성불하신 십겁十劫 이래로
하루도 빠짐없이, 우리들이 극락세계로 돌아오길 기다리고 계십니다.
아미타 부처님께서는 금색 팔을 길게 내미시어
극락세계에 태어나는자를 맞이하려고,
지금 이 순간에도 늘 삼계의 고아이고 육도의 방랑자인 우리들을 애타게 기다리고 계십니다.

원친채주寃親債主 참회발원문 5 :

다시는 죄를 짓지 않겠습니다

아미타 부처님께서는 발원하셨습니다.
우리들이 쌓은 죄업을 깊이 반성하고 뉘우치며,
염불하여 극락세계에 태어나길 간절히 발원한다면,
아미타 부처님께서는 반드시 우리들을 이끌어
극락세계에 태어나게 하시고,
우리들이 수없이 태어나고 죽는 고통 속에서
완전히 벗어나 영원한 평안을 누리도록 해주십니다.

지금 저는 선보살님 당신들께 이 수승한 방법을 소개하오니,
당신들께서도 날마다 저를 따라서 함께 예불하고,
경전을 읽고, 염불하여 극락세계에 태어나겠다고 간절히 발원하시길 희망합니다.

제가 이 세상에 없을 때에는 선보살님 당신들께서는

또한 열심히 경전을 듣고 열심히 염불을 잘 하셔야 합니다.
장래 우리들이 서방 극락세계에 태어나
함께 깨달음의 대도大道를 행하고
불법을 공부하는 한집안 식구인
보리권속菩提眷屬의 인연을 맺고,
모든 법이 생기지도 않고 없어지지도 않는
진리인 무생법인無生法忍을 증득하여
깨달아 다시 이 사바세계로 돌아와 중생을 제도한다면,
이 일이야말로 선보살님 당신들도 좋고 저도 좋으며,
또한 모두에게 좋은 방법입니다.

만약에 혹 선보살님 당신들께서 저보다 먼저 성취하신다면,
제가 목숨이 다할 때 서방 극락세계의 아미타 부처님,
관세음보살님, 대세지보살님 이 세 분 성인을 따라
저를 마중 나와서 극락세계에 태어나도록 이끌어주십시오.

그러나 만약에 오히려 제가 먼저 성취한다면
저는 반드시 사바세계로 다시 돌아와서
선보살님 당신들을 제도하겠습니다.

이와 같이 우리들이 서로서로 정진 수행하도록
격려하고 일깨워주면서 함께 지극한 정성으로 염불하
고 서방극락세계에 태어나길 발원하여,
하루 속히 모든 괴로움에서 벗어나 온갖 즐거움을
얻고, 불도를 이룰 수 있도록 정진합시다.

총명하신 선보살님들이시여!
우리들 각자 자신에게 상처를 주어
세세생생 육도에 윤회하며 고통의 바다에
빠지도록 한 흉악범은 다름 아닌 바로
우리들 각자 자신의 마음속에 있는
망상, 분별, 집착이며,
탐욕, 성냄, 어리석음이며,
아만과 의심입니다.

원친채주 참회발원문

그러므로 우리들은 매 순간순간
우리 자신에게 이러한 마음이 일어나는 것을
절대로 관대하게 넘기지 말고,
뼈에 사무치도록 비통하게 여기셔야 합니다.
우리들 자신이 반드시 제거해야 할 진짜
원수와 적은 바로 나 자신의
탐내는 마음이며,
성내는 마음이며,
어리석은 마음이지,
바깥에 있는 사람들과 일과 사물이 결코 아닙니다.
우리들은 모두 이러한 탐내고 성내며 어리석은
마음으로 인해 상처 받은 사람들입니다.
우리들 모두는 다 함께 부처님 전에
깊이 반성하고 뉘우쳐서 다시는
죄를 짓지 않겠다고 맹세합시다.

저 ○○○는 아득히 멀고 먼 과거 세상에서부터
부모님께 효도하지도 않고
어른과 스승을 공경하지도 않았으며,

불·법·승 삼보를 비방하고,
중생들에게 상처를 주었으며,
다른 사람들이 부처님의 법을 배우고
널리 전하는 것을 훼방한 이러한 일들에 대해,
부끄러워하고 두려워하며,
깊이 반성하고 뉘우칩니다.
또한 탐내고 성내며 어리석어
몸과 말과 생각으로 지은 일체 죄악에 대해
부끄러워하고 두려워하며,
깊이 반성하고 뉘우치며,
다시는 죄를 짓지 않겠습니다.

자기 자신을 높이고 남을 업신여기는 오만한 마음,
자기 스스로 만족하다 여기고 잘난 척 하는 마음,
아무도 안중에 없이 무례하고 건방지게 구는 마음,
음탕한 욕심을 채우려는 마음,
이기적이고 인색하며 탐내는 마음,
원망하고 분노하는 마음,
성내고 증오하며 보복하려는 마음,

남과 대립하고 화해하지 않는 마음,
시기 질투하는 마음, 경솔한 마음,
명리와 허영에 꽉 차있는 마음,
독차지하고 남을 억누르려는 마음,
내가 옳다는 고집으로

망상 · 분별 · 집착하는 마음,
게으르고, 흐리멍덩하고, 들뜬 마음,
잡담하여 산란해지는 마음,
적당히 대충 해결하려는 마음을

철저히 뿌리 뽑고,
그리고 제 마음속의 온갖 나쁜 악습들을
철저히 전부 다 남김없이 뿌리 뽑겠습니다.

원친채주冤親債主 참회발원문 6 :

일심으로 염불하면 반드시 극락세계에
왕생하여 원만하게 부처님이 되십니다

저 ＯＯＯ 는 대자대비의 마음으로
고통 받는 일체 중생들을 대신하여,
저의 마음을 불꽃이 일어나지 않는
다 타버린 재(死灰)처럼 하고,
잠을 잘 다스려 적게 자며,
말을 그치고,
모든 인연을 내려놓고,
일심으로 염불하는 그 순간
곧 바로 서방극락세계에 태어나,
무수히 많은 몸을 온 법계에 나투어
중생들을 남김없이 다 제도하겠습니다.

시간은 바로 생명입니다.
생명은 오직 부처님이 되기 위해 존재하는 것입니다.

저는 간절히 발원합니다!
모든 인연 내려놓고,
죽을 힘을 다해 말을 그치며,
죽을 힘을 다해 염불하여,
이 자리에서 바로 서방극락세계에 태어나서
무수히 많은 몸을 온 법계에 나투어
중생들을 남김없이 다 제도하겠습니다.

이번 한 생 동안 저는
성실하게 계를 지키고 염불할 것이며,
감히 착하지 않은 생각을 조금도
일으키지 않을 것입니다.
그리하여 그 공덕의 과보로
저에게 돌아올 복이 있다면,
모두 다 함께 누리도록 하겠습니다.

저는 발원합니다!
저는 제가 배우고 닦은 계율과 선정과 지혜의 공덕을
수없이 많은 세월 동안의 부모님, 스승님,

저로 인해 상처 받은 모든 선보살님들,
어머니와 같은 시방세계의 일체 중생들에게
나누어 드려 모두가 끝없는 괴로움에서 벗어나
온갖 즐거움을 누리는 서방극락세계에
태어나시도록 하겠습니다.

아미타 부처님께서는 48대원 가운데
"저의 이름 아미타불을 열 번 부르면
반드시 극락세계에 태어나도록 해주겠나이다."
라고 서원을 세우시어,
언제 어느 곳에서라도 모든 중생들을 마중하여
서방극락세계에 태어나도록 이끌어주십니다.
그러므로 시방세계의 모든 중생들이 확실한 믿음과
간절한 발원으로 진실하게 염불하면 틀림없이 극락세계에 태어나 원만하게 부처님이 되십니다.

중생들은 모두가 부처가 될 수 있는
씨앗(佛性)을 가지고 계시므로,
염불하면 틀림없이 부처님이 되십니다.

일심으로 염불하면 반드시 극락세계에
왕생하여 원만하게 부처님이 되십니다.

진심으로 축원드립니다!
시방세계의 모든 부모님과 스승님,
그리고 모든 선보살님들과 모든 중생들께서는
부처님의 법을 배우고,
인과因果를 깊이 믿고,
악을 끊고 선을 행하며,
미혹을 깨뜨리고 깨닫고,
지극한 정성으로 염불하여
자재하게 극락세계에 태어나,
원만하게 부처님이 되어지이다!

나무아미타불! 아미타불! 아미타불!

* 참회 발원문을 다 읽으셨으면, 이제부터 정성과 공경을 다하여 '아미타불' 혹은 '나무아미타불'을 15분 동안(염불은 많이 할수록 좋습니다) 염불하시면, 더욱 좋으며 실제로 큰 이익을 얻을 수 있습니다.

불교 효행경

原來彌陀念彌陀
彌陀彌陀直念去
口念彌陀聽彌陀
彌陀教我念彌陀

아미타불께서 미타를 염하라 가르치시니
입으로 미타를 염하고 귀로는 듣네
아미타불 아미타불 줄곧 염해가면
본래의 아미타불이 아미타불 염하게 되네.

"아미타불"을 염念하는 것이
바로, 우주법계 전체를 염하는 것이다.
법계 전체가 바로 아미타불이며
제불여래이며, 일체중생이며,
자기 본인이다.
"아미타불"을 염念하는 것이
일체제불을 염하는 것이며
자기 진여본성眞如本性을 염하는 것이다.
어떠한 경이나 논서, 다라니라도
모두 이 아미타불 가운데 있다.

부록 1

권왕가 勸往歌

오호라 슬프도다. 삼계가 불집이요,
사생이 고해로다. 어찌하여 그러한고.
천상에 나는 사람 칠보궁전 수용하고,
의식이 자연하여 쾌락이 무량하나,
천복이 다 하오면 오쇠고가 나타나서
삼도윤회 못 면하니 그도 아니 불집(火宅)인가.
인간에 전륜왕은 일만 부인 일만 대신
일천 태자 시위하고 칠보가 구족하며
사천하를 거느리고 위덕이 자재하나,
그 복이 다 하오면 업보를 못 면하여
삼악도에 떨어지니 그도 아니 불집인가.

천상 인간 제일 복도 오히려 저렇거든,
황어요마사 서인의 빈궁고독 무량 고를

어찌 모두 말할 손가. 더구나 무간지옥
만 번 죽고 만 번 사는 비참하고 심한 고통
무량겁을 지나가니 놀랍고도 두렵도다.
이러한 불 집안을 어찌하여 벗어날고.
우리 세존 대 법왕이 백천 방편 베푸르사
불집 자식 구원할 제 팔만 장경 이른 말씀
십억불토 서편 쪽에 극락이라 하는 세계
황금으로 땅이 되고 백천 진보 얽히어서
밝은 광명 찬란함이 천억 일월 화합한 듯
곳곳마다 보배나무 일곱 줄로 둘렀으되
금·은·유리 칠보로써 서로서로 섞였으며
칠중 난순 둘러있고 칠중 나망 덮었으되
모두 최상 보배로다.

오백억천 묘화궁전 나뭇가지 사이마다
상하에 벌려있고 오백억천 동자들이
그 궁전에 유희하되 광명 있는 마니주로
화만영락 장엄일세. 팔종 청풍 건들 불어
보수 보망 나는 소리 미묘하고 청철하여

백천 풍악 진동하니, 그 소리를 듣는 자는
염불심이 절로 나며, 또다시 그 나라에
기묘한 새 있아오되 백학이며 공작이며
가릉빈가 공명조타 밤낮육시 우는소리
화아하고 미묘하여 무상법을 연설커든
듣는 자가 감동하여 염불심이 격발하며,
또다시 그 국토에 가지가지 하늘 꽃을
밤낮육시 비추거든 중생들이 그 꽃으로
시방세계 제불 전에 두루 가서 공양하고
순식간에 돌아오며 죄보 여인 실로 없고
칠보로 생긴 못에 팔공덕수 충만하고
사색연화 피었거든 시방세계 염불중생
명 마칠 때 당하오면 아미타불 대성존이
그 중생을 데려다가 연꽃 중에 화생하니
몸빛은 진금이요 삼십이상 구족하며
칠보궁전 좋은 의식 마음대로 수용하며
수명이 무궁하여 생로병사 우비고뇌
고팔고 전혀 없고 무량쾌락 받자오며
다시 생사 아니 받고 미타성존 수기 얻어

무생법을 증득하며 지혜신통 자재하고
공덕선근 만족하여 보살도를 성취하여
상선인이 모이어서 과거 본행 의론할제

나는 과거 본행시에 염불삼매 성취하며
대승경전 독송하고 이 극락에 나왔노라

나는 과거 본행시에 삼보전에 공양하고
국왕부모 충효하며 빈병걸인 보시하고
이 극락에 나왔노라

나는 과거 본행시에 욕되는 일 능히 참고
지혜를 닦아 익혀 공경하고 하심하며
일체사람 권화하여 염불시킨 공덕으로
이 극락에 나왔노라

나는 과거 본행시에 탑과 절을 이룩하고
불 도량을 소쇄하며 죽는 목숨 살려주고
청정계행 가지어서 삼귀오계 팔관재와

십선업을 수행하고 이 극락에 나왔노라

나는 과거 본행시에 십재일에 목욕하고
재일 성호 염송하며 비밀진언 지송하고
이 극락에 나왔노라

나는 과거 본행시에 우물 파서 보시하며
험한 도로 수축하고 무거운 짐 대신 지며
새벽마다 서향하여 4성존에 예배하고
이 극락에 나왔노라

나는 과거 본행시에
평원광야 정자 지어 왕래인을 쉬게 하며
육월염천 더운 때에 참외 심어 보시하며
큰 강물에 배 띄우고 작은 내에 다리 놓아
왕래인을 건너 주며 산고곡심(山高谷深) 험한 길에
길 잃은 이 지도하며 검은 칠야 밤길 가는
저 행인에 횃불 주며 앞 못 보는 저 장님이
개천구렁 건너거든 붙들어서 인도하며

객사타향 거리송장 선심으로 묻어주며
사고무친(四顧無親) 병든 사람 지성으로 구원하며
조석으로 서향하여 십념법을 닦았으며
이런 공덕 갖추지어 이 극락에 나왔노라

나는 과거 본행시에
십악오역 두루 짓고 무간지옥 갔을 것을 임종 시에
선우 만나 겨우 십념 염불하고 이 극락에 나왔노라

나는 과거 본행시에
삼악도중 수고로이 우리 효순 권속들이
나를 위해 공덕 닦아 이 극락에 나왔노라
천차만별 본행사를 이와 같이 의논할 제
극락세계 공덕장엄 무량겁을 헤아려도
불가사의 경계로다 어찌하여 그러한고
과거구원 무량겁에 부처님이 나오시니
세자재왕여래시라 그때에 전륜왕은
이름이 교시가라 국왕위를 버리시고
발심출가 비구되니 승명은 법장이라

권왕가

세자재왕여래 전에 48원 세우시니
하늘에서 꽃비오고 대지세계 진동이라
그 후로 무량겁을 난행고행 수도하여
48원 성취하사 극락세계 장엄하고
그 가운데 성도하니 우리도사 아미타라
삼계불집 동무들아 오욕락만 탐착 말고
생사 긴 밤 꿈을 깨어 이 말씀을 신청하고
아미타불 대성호를 일심으로 외우시되
지난 일도 분별 말고 미래사도 사량 말고
삼계만법 모든 것이 꿈같은 줄 생각하여
24시 밤낮없이 어린아이 젖 생각하듯
좋을 때도 아미타불 언짢아도 아미타불
행주좌와 어묵동정 일체 때와 일체 곳에
고성이나 묵념이나 일념미타 놓치마오
일구월심 오래하면 분별사량 없어지고
염불삼매 성취하여 전후삼제 끊어지고
인아4상 무너지면 십억불토 극락세계
자심중에 나타나고 만덕존상 아미타불
삼매중에 뵈오리니 이런경계 이르오면

사바극락 둘아니요 범부성인 따로없이
곳곳마다 극락이요 생각마다 미타로다
이같이 수행인은 명 마칠 때 당하여서
팔만상호 장엄하신 보신미타 영접하사
실보토와 상적광토 상품연화 왕생하니
방가위지 장부로다

만행중선 모든 공덕 극락으로 회향하며
진실심만 판단하여 왕생하기 발원하면
이 목숨 마칠 때에 근기대로 왕생하되
상근기는 상품가고 중근하근 되는 이는
화신미타 영접하사 방편토와 동거토에
중근인은 중품연화 하근인은 하품연화
나의생전 닦은대로 어김없이 왕생하네
두사람이 달을보되 한사람은 크게보고
한사람은 작게보니 보는안정 다름있지
달은본래 대소없네 이도또한 이같아서

보신불과 화신불이 근기 쫓아 나타나니

중생지견 차별 있지 불은 본래 대소 없네
하늘사람 밥 먹을 제 보배그릇 한가지나
과거 복덕 지은대로 음식 빛이 달라지니
이도 또한 이 같아서 극락세계 하나이나
4종정토 구품연화 근기 따라 각각 보네

정토발원 하는 사람 결정신심 일으켜서
의심일랑 부디 마오. 만일다시 분별하되
염불 많이 못하옵고 원수 빚을 많이 져서
벗어나기 어려우며 임종 시에 아미타불
참으로 영접할까 이런 분별 하게 되면
염불수행 하더라도 이 분별이 장애되어
왕생 길을 막게 되니 여하약하 묻지 말고
필경왕생 하올 줄로 결정신을 일으킨 후
아미타불 한 생각을 단단 적적 잡드려서
산란심이 동하거든 더욱 정신 가다듬소.
탁한 물에 청주두면 탁한 물이 맑아지고
산란 심에 염불하면 산란심이 불심 일세
나의화살 바로가면 저 과녁을 못 맞힐까

보름달이 원만키는 초생 달로 시작이요
천리원정 도달함은 첫걸음이 시작일세
극락이 멀다하나 나의 일념 진실하면
수인결과 하는 날에 미타성존 아니 볼까
인생일세 믿음 없어 백년세월 몽중이라

달팽이 뿔 가관이나 무엇에 쓴단 말인가
부귀영화 좋다하나 달팽이 뿔 다름없네.
새벽이슬 구슬 된들 얼마오래 보전할까
인간칠십 고래 희라 새벽이슬 다름없네.
칼끝에 묻은 꿀을 어린아이 핥아먹다
혀를 필경 상커니와 지혜자야 돌아볼까
맛은 좋고 죽는 음식 미련한자 먹고 죽지
지혜인이 그리할까 여보오욕 탐착인들
죽는 음식 그만먹소 생로병사 무서운 불
사면으로 붙어오니 그 가운데 있지 말고
이 문으로 어서 나소

삼계불집 내닫기는 정토문이 제일 일세

고해 중에 빠진 사람 이 배를 어서타소
생사바다 건너기는 미타선이 제일 일세
바다보배 천 가지나 여의주가 으뜸이요
의약방문 만 가지나 무산이 제일이요
팔만사천 방편 문이 수왈 문문 가입이나
생사윤회 빨리 벗고 불법성에 들어감은
정토문이 으뜸 일세 제불보살 출세하사
천경만론 이른 말씀 미타정토 칭찬하사
고구정영 권하시니 우리범부 사람들이
성인말씀 아니 듣고 누구 말을 신청하며
극락정토 아니가고 다시 어데 갈 곳 있나

오탁악세 나온 사람 과거죄업 깊은 고로
이른 말씀 믿지 않아 비방하고 물러가니
불에든 저 나비와 고치 짓는 저 누에를
그 누가 구제할까 정토수행 하는 사람
신구의를 조성하여 십 악업을 짓지 마소
과거생사 무량겁에 육도사생 순환하니
여기 죽어 저기 날세

부모 없이 나실른가 일로조차 생각하면
혈기 있는 중생들이 모두다생 부모로다
산목숨을 죽인 이는 부모살해 다름없네.
화엄경에 이른 말씀 혈기 있는 중생류가
필경성불 한다하니 살생하는 저 사람은
미래불을 죽임이라 살기를 좋아하고
죽기를 싫어함은 나와 저와 일반인데
내 욕심을 채우려고 남의목숨 죽이나니
형세강약 같지 않아 죽인 바를 입사오나
맺고 맺인 원한심이 구천에 사무치네
생사고락 순환하니 타일 삼도 저 고통을
누가대신 받아 줄가 금수도산 저 지옥에
뼈와 힘줄 끊어지며 확탕노탄 저 지옥에
피와 살이 다타진다

지옥 고를 마치고서 축생 되어 빚 갚을 제
나는 한번 죽였건만 갚는 수는 무수하니
누구를 원망할까 옛적에 한 포수가 다섯 사슴
눈을 빼고 지옥 고를 마친 후에 인간에

사람 되어 오백겁을 눈 멀으니 인과보응
분명커늘 어찌 그리 불신하오 아무리 빈궁해도
도적질을 부디 마오 강도절도 하는 것만
도적 업이 아니오라 남의재물 방편으로
비리횡취 하는 것이 백주대적 이 아닌가
저울내고 되 말 냄은 공평되기 하잤더니
주고받는 여수 간에 그 농간이 무수하다

야속 할 사 인심이여 어찌하여 그러 한고
부모자식 천륜이라 네 것 내 것 없건마는
옛적에 한 노모가 딸자식이 가난 커 늘
백미닷되 돌려 내여 아들 몰래 주었더니
모녀같이 죽어서는 큰 말 되고 새끼 되어
그 아들을 태웠으니 모자간도 저렇거든
남의 것을 말 할 손가 아무리 욕심나도
사음을 부디 마오 나의 처도 족하거든
남의 처첩 무슨 일고 옛적에 한사람이
남의 첩을 간통할 제 본부 볼까 두려하여
사면으로 살폈더니 죽은 후에 아귀 되어

기화의 치성으로 오장육부 모두 타며
사면철봉 타살하니 괴롭고도 무섭도다.

입안에 도끼 있다 고인이 일렀으니
입으로 짓는 허물 물탄 곁에 가장 많다
발설지옥 고를 보소 혀를 빼어 밭을 가니
거짓말로 남 속일까 두말하여 이간 마오.
백설조가 이 아닌가 하물며 악담 죄는
그 중에 더 중하다

옛적에 한사람이 한번 악담 하온 죄로
백두어가 되었으니 악담부디 하지마오
남을 향해 하는 악담 내가도로 받느니라.
하늘로 뱉은 침이 내 얼굴에 안 이질까
두려워라 두려워라 인과응보 두터워라
술을 부디 먹지마소 술의 허물 무량하여
온갖 죄를 다 짓는다 술집한번 가리키고
오백겁을 손 없거든 항어 친히 먹을 손가
의적이 술 지으며 우임금이 내어 쫓고

나한이 취하거늘 세존이 꾸짖으니
술의 허물 없을진대 성인이 금 할 손가
똥과 오줌 끓는 지옥 저 고통이 무서워라

탐심 부디 내지 마오. 살도 음망
모든 죄를 탐심으로 다 짓는다
옛적에 한 낭자는 재산탐착 못 잊더니
죽은 후에 흰 개 되어 그 재물을 지켰으며
또 예전에 한사람은 황금칠병 두고 죽어
배암의몸 받았으니 그 아니 무서운가.
성을 부디 내지마오. 성의허물 무량하여
모든 공덕 뺏어간다 예전에 홍도 비구
다겁을 공부하여 거의성불 가깝더니
성 한번 크게 내고 뱀의 몸 받았으니
놀랍고도 두렵도다. 어리석은 사견으로
선악인과 안 믿으면 무간지옥 들어가서
천 부처님 나더라도 나올 기약 전혀 없네.
고로 예전 선성 비구 이십년을 시불하여
십이부경 통달하고 사선정을 얻었으나

악지식을 인연하여 인과를 안 믿다가
생함 지옥 하였으니 중생죄업 무량한중
사견 죄가 제일일세. 파 마늘을 먹지마오
생으로는 진심 돕고 익힌 것은 음심돕네

담배이름 다섯 가지 담 악 초며 분사 초라
선신은 멀리하고 악귀가 뒤 쫓으니 알고 차마
먹을 손가 불 집안에 있는 중생 다생죄업
뉘 없으리. 과거부터 이 몸까지 지은 죄를
생각하면 한량없고 가 이 없다 죄가 형상
있을진댄 허공계를 다 채워도 남은 죄가
많으리니 이 죄업을 그저 두고 불집 어찌
벗어나며 극락 어찌 왕생할고 우리 본사
석가세존 죄악중생 슬피 여겨 참회문을
세우시니 승속남녀 노소 없이 지은죄를
생각하여 삼보전에 눈물 흘려 염불송경 참회하소

십육관경 이른 말씀 내지십악 오역인이
명 마칠 때 당하여서 지옥불이 나타나도

만덕홍명 아미타불 열 번만 일컬으면
염불소리 한마디에 팔십억겁 생사 죄가
봄눈같이 녹아지고 하품왕생 한다하니
대단하다 아미타불 고해배가 아니신가

수천년을 기른수풀 한낱불로 다태우며
천년암실 어두움을 한등불로 파하도다
아미타불 한소리에 천마외도 공포하고
도산지옥 부서지니 과연삼계 도사로다
정토법문 깊이믿어 극락가기 발원하면
염라대왕 문서중에 나의성명 에와내고
극락세계 칠보못에 연봉하나 솟아나서
내성명을 포제하고 나의수행 하는대로
연화점차 무성타 가이목숨 마친후에
그연대에 나타나니 지금염불 하는사람
비록인간 있아오나 벌써극락 백성이라
동방세계 약사여래 팔보살을 보내시고
서방세계 아미타불 스물다섯 대보살로
이사람을 호위하며 육방제불 호렴하고

천룡귀신 공경하니 천상인간 세계중에
최존최귀 제일일세 만일도로 퇴전하면
그연화가 마른다니 부디부디 퇴전마오
한번시작 하온일을 성취전에 그칠손가

오탁악세 나온사람 심성이　정함없어
아침나절 신하다가 저녁나절 물러가며
설사오래 신하여도 결정신근 전혀없어
목전경계 보는대로 다른소원 무수하니
불쌍하고 가련하다 만당처자 애착하고
금은옥백 탐심두니 목숨마쳐 돌아갈제
어느처자 따라오며 금은가져 노자할까
생사광야 험한길에 나의고혼 홀로가니
선심공덕 없아오면 삼악도 깊은구렁
화살같이 들어간다.

또다시　어떤사람 평시에는 염불타가
병이들면 아주잊고 아픈것만 싫어하고
살기로만 바라다가 생사노두 걸쳐있어

삼백육십 뼈마디를 바람칼로 에어내며
헛소리로 손발젓고 헐떡이고 진땀흘러
맑은정신 벌써떠나 명도귀계 던진후에
임종염불 하여주니 무슨효험 있을손가
도적간후 문닫으니 무엇을 　잡으려나
생전약간 염불공덕 악업담자 못이겨서
업을따라 윤회하네 평시에 　병법익혀
난시에 　쓰갔더니 적진보고 퇴쟁치니
평시적공 쓸데없네 생전에 　염불하여
임종에 　쓰짰더니 정념을 　상실하고
사마에 　순복하니 일생염불 와해로다
여보염불 동무님네 이말씀을 신청하오
병고만일 침노커든 생사무상 깊이깨쳐
살기도 　탐착말고 죽기도 　두려말고
이세계를 싫어하여 극락가기 생각하되
천리타향 십년만에 고향으로 가는듯이
부모잃고 개걸타가 부모찾아 가는 듯이
만덕홍명 아미타불 지성으로 생각하며
술과고기 드는약은 부디부디 먹지말며

문병인과 시병인과 집안권속 당부하되
내앞에서 객담말고 부드러운 애정으로
눈물흘려 위로말며 가사범백 묻지말고
일심으로 염불하여 나의정념 도와주고
내가만일 혼미커든 가끔깨쳐 권념하며
서향하여 눕혀놓고 고성염불 안그치며
임종한지 오랜후에 곡성을 내게하라
이같이 임종하면 평시염불 않더라도
극락왕생 하오려든 황어염불 하는사람
다시무엇 의심할까 병이비록 중하여도
귀신에게 빌지마오

수요장단 정한것을 적은귀신 어찌할꼬
부처님이 방광하니 방광이름 견불이라
임종인을 권염하고 이광명을 얻었으니
사람짐승 물론하고 죽는자를 만나거든
부디염불 하여주오 여보효순 자손들아
혼정신성 하올때와 감지지공 받은후에
염불법문 봉권하소

생전에만 효순하고 사후고락 모르오면
지극효심 어디있노 부모님의 죄되는일
울면서 간하옵고 여러 가지 착한일은
지성으로 권한후에 부모평생 지은공덕
낱낱이   기록하와 병환으로 계시거든
자세히 알려드려 정념을   격발하며
아미타불 권념하여 임종까지 이러하면
바로극락 가시나니 남의자손 되는사람
이말씀을 있지마소

우리세존 석가님도 정반부왕 권하시와
아미타불 염불하여 극락으로 인도하며
중화국에 장노선사 어머니를 출가시켜
염불법문 권하올제 권화문을 지었으되
세출세간 두효도를 자주 말씀 하였으니
우리불조 효행대로 받들어서 행하시오
무병인이 염불함에 다병타고 비방마오
전세죄업 중한고로 사후지옥 가올 것을
지금염불 공덕으로 지옥죄를 소멸하고

가비얍게 받음일세 장병있던 풍부인은
염불하고 병낫으며 눈어두운 양씨녀는
염불하고 눈떴으니 나의정성 지극하면
이런효험 아니볼까 염불비방 하는사람
부귀창성 한다마오 전세에 복지어서
지금부귀 받거니와 금세비방 하온죄는
후세필경 받느니라.

농사법을 살펴보소 팥심으면 팥이나고
콩심으면 콩이나네 사람되기 어려우며
불법듣기 심란한데 다행하다 우리사람
전세무슨 선근으로 사람몸을 받았으며
불법까지 만났는고 이런불법 만났을제
듣고아니 하는이는 불보살의 자비신들
그를어찌 제도할꼬 말법만년 지나가면
저때중생 박복하여 불법이 없건마는
오직정토 무량수경 백년을 더머무사
접인중생 하신다니 광대하다 미타원력
무엇으로 비유할꼬

고인의　　하신말에　오탁이　　극심하여
삼재겁이　가까우니　미타원력　아니시면
이재앙을　못면한다　이와같이　일렀으니
공포심을　어서내어　부지런히　염불하소
근래얻은　공부인이　극락미타　따로없어
내마음이　극락이오　내자성이　미타라고
아만심이　공고하여　정토법을　멸시하니
박복다장　한탓이라　무엇의론　할것없네
내마음이　부처란들　탐진번뇌　구족하니
제불만덕　어디있나　청산옥이　보배란들
그저두어　쓸데있나　양장이　　얻어다가
탁마하여　만든후에　좋은품질　나타나서
천하보기　성취하니　자성불도　이같아여
번뇌무명　어데쓸고　미타양장　친견하고
만행으로　탁마하여　항사성덕　나타나면
자성불이　이아닌가　자성불에　집착하면
도적으로　자식삼네　아만심이　공고하고
하열심이　비루고로　높은산과　낮은구렁
험한세계　났거니와　내마음이　평등하여

불지혜를 의지하면 정토왕생 하옵나니
마음극락 집착하면 돌을가져 보배삼네

거룩하다 정토법문 육방제불 칭찬하고
항사보살 왕생한다 화엄경과 법화경은
일대시교 시종이라 무상대도 법이언만
극락왕생 칭찬하며 마명보살 용수보살
불보살의 화신으로 정법안장 친절하되
권생극락 깊이하며 진나라 혜원조사
반야경을 들으시다 활연히 깨치고도
백년결사 염불하사 삼칠일을 정에들어
미타성상 친견하고 극락으로 바로가며
천태산 지자대사 법화삼매 증득하사
영산회상 친견하고 삼관을 원수하여
상품왕생 하였으며 해동신라 의상법사
계행이 청경하사 천공을 받자오되
정토발원 견고하여 좌필서향 하였으며

오장왕과 흥종황제 만기여가 염불하고

연화중에 화생하며 장한과	왕시랑은
공명이	현달하고 부귀를	겸하여도
왕생법을 닦았으며 유유민과 주속지는
처자오욕 다버리고 산문불출 염불하며
도연명	이태백과 백낙천	소동파는
만고문장 명현이라 필봉이	늠름하여
귀신을	울렸으되 미타공덕 찬탄하고
왕생하기 발원하며 당나라에 정진이와
송나라에 도완이는 비구니의 몸으로서
염불하고 왕생하며 수문후와 형왕부인
후비의	귀인이나 여신보를 싫어하여
지성으로 염불하고 연태중에 남자되며
파계비구 웅준이와 도우탄이 장선화는
생전죄악 많은고로 지옥고가 현저려니
임종일념 회심하고 연대중에 바로가며
풍기땅에 아간비자 삼생전에 중이되어
건봉사	만일회에 별좌하다 득죄하고
순흥땅에 암소되어 그죄를	속한후에
삼생만에 비자되어 용맹정진 염불하고

육신등공 왕생하니 고금역사 살피건데
승속남녀 현우귀천 내지죄악 범부까지
다만발심 염불하면 모두왕생 하옵나니
누가감히 입을열어 정토법문 평담할까
월장경에 이른말씀 말세중생 억억인이
기행수도 하더라도 득도할이 하나없고
오직염불 구생하면 만수만거 한다시니
부처님의 결정설이 거짓말로 남속일까
자백성변 양류안에 화류하는 소년들아
춘흥이　　 날지라도 꽃을부디 꺽지마오
그꽃밑에 독사있어 손상할까 두려워라
오호라 슬프도다

만고호걸 남아들아 장생불사 하잤더니
어제날　　 영웅들이 오늘황천 고혼일세
잠을깨소 잠을깨소 생사긴밤 잠을깨소
조개도　　 잠든제가 천년되면 깬다든데
몇부처님 출세토록 여태까지 아니깨노
대법고를 크게치고 생사옥문 열었으니

갇힌사람 어서나소

문열어도 안나오면 그사람은 할길없네
대비선을 크게모아 생사바다 건너주니
생사고해 빠진중생 어서타고 건너가세
배주어도 아니타면 그사람은 할길없네
보원침익 제중생은 유심정토 어서가서
자성미타 친견하고 환망진구 모든때를
공덕수에 목욕하고 탐진열뇌 더운불을
대비수로 소멸하고 아귀도중 주린배를
선열식에 포만하고 지옥도중 마른목을
법회수에 해갈하고 몽중불과 성취후에
구화방편 시설하여 환화중생 제도하고
무위진락 누용하세 나무아미타불

불교 효행경

부록 2

범부의 집지명호 수행법

정공법사

만약 부처님명호를 집지하여도 아직 견사번뇌를 멸단하지 못하였다면, 그 틈을 내어 염불하는 산념散念이나 빠짐없이 염불하는 정과定課에 따라 (번뇌를 조복하여) 범성동거토에서 태어나고 삼배구품으로 나누어진다.

> 若執持名號。未斷見思。隨其或散或定。於同居土分三輩九品.
>
> _ 《불설아미타경요해佛說阿彌陀經要解》, 우익蕅益 대사

「집지명호執持名號」는 수행하는 방법입니다. 집지執持는 반드시 대세지보살께서 우리들에게 가르쳐주신 "육근을 모두 거두어 들여 정념을 이어가는(都攝六根 淨念相繼)" 염불원통법을 기억해야 합니다. 이렇게 명호를 집지하여야 상응합니다. 그러나 견사번뇌를 끊지 못하면 서방극락세계 태어나는 것은 범부입니다. 단斷에는 두 가지 종류가 있는데 여기서 「미단未斷」은 멸단滅斷을 말합니다. 멸단은 확실히 쉽지 않습니다. 만약 멸단하면 현전에서 아라한과를

증득합니다. 우리들이 왕생하는 조건은 그렇게 높을 필요가 없고 단지 번뇌를 조복시키는 복단伏斷이면 충분합니다. 복단은 번뇌를 조복시켜 안으로 머물게 하는 것(伏住)입니다. 번뇌를 끊지 않고 그것을 조복시켜 머물게 하여 번뇌가 작용을 일으키지 않게 하면 결정코 왕생할 수 있습니다. 만약 진실로 견사번뇌를 끊는다면 범성동거토에 왕생하는 것이 아니라 방편유여토에 왕생합니다. 그래서 우리들 공부는 번뇌를 조복시키려고 하는 것입니다.

어떤 방법으로 조복시킵니까? 한마디 부처님 명호를 집지하는 것입니다. 고인께서 "생각이 일어나는 것을 두려워하지 말고, 다만 알아차림이 늦는 것만 두려워하라(不怕念起 只怕覺遲)"라고 하신 말씀에서 념念은 바로 번뇌입니다. 어떤 생각이든 상관이 없습니다. 나쁜 생각도 번뇌이고, 선한 생각도 번뇌입니다. 나쁜 생각이든 선한 생각이든 모두 필요 없습니다. 첫 번째 생각이 일어나면, 두 번째 생각은 바로「아미타불」이어야 합니다. 이 한마디 아미타불을 불러서 그 생각을 없애어 망념이 이어지지 않도록 해야 합니다. 망념 한 생각 한 생각이 이어지는 것을 망념(번뇌)이 일어나 현행함이라 합니다. 한마디 부처님 명호를 불러서 번뇌(생각)를 억제(壓住)해야 합니다. 고인께서는 이것을 뿌리를 제거하지 않고 돌로 풀을 누르는 것에 비유하였습니다. 단지 염불로 생각을 억제하기만 하면 공부가 득력하고, 염불이 상응합니다. 생각을 억제하지 못하면 방법이 없습니다.

당연히 한 번 생각하기 시작하면 망념이 없어지기가 쉽지 않습니다.

어떤 분이 저에게 말했습니다. "저는 염불을 할수록 망상이 많아집니다. 어떻게 하면 좋을까요?" 생각이 없을 때 망상이 없는 것처럼 생각을 할수록 망상이 많아집니다. 실제로 이런 상황을 이해할 수 없습니다. 실제 상황은 평상시 망념이 이렇게 많아도 당신이 발견하지 못하고 지내다 염불을 하면 비로소 자신에게 망념이 이렇게 많음을 발견하게 됩니다. 이렇게 무섭습니다. 그러나 발견한 후 무서워할 필요가 없습니다. 부처님명호를 반드시 염하기만 하면 됩니다.

염불하면서도 여전히 망상이 일어나더라도 그것에 상관하지도 아랑곳 하지도 마시고 단지 부처님 명호에만 주의를 기울이고 망상에 신경을 쓰지 마십시오. 망상에 주의를 기울이면 망상은 갈수록 많아집니다. 근본적으로 망상에 아랑곳 하지 마시고 단지 생각을 부처님 명호에 관조합니다. 이렇게 하다 보면 망상이 점차적으로 줄어들고 부처님 명호를 불러서 점차 득력합니다. 옛 사람들의 경험으로는 대체로 긴 향이 하나 타는데 1시간 반이 걸립니다. 1시간 반 염불하는 동안 3개 내지 5개의 망상이 일어나면 공부가 괜찮다고 볼 수 있습니다. 만약 향 하나를 태우는 동안 망상이 없으려면 아마 10년 내지 8년이 걸릴지도 모릅니다. 열심히 염불하든 열심히 염불하지 않던 결코 해낼 수 없습니다. 이로써 염불에 망상이 뒤섞여 있을지라도 이런 것에 개의치 말고 반드시 열심히 염불하기만 하면 됩니다.

정정은 정과定課로 아침저녁 기도일과(功課)를 말합니다. 우리들은 매일 1시간을 정애 염불합니다. 산념散念은 평상시 틈을 내어 염불하는 것을 말합니다. 산념은 많고 적음에 구애받지 않습니다. 당연히 많을수록 좋습니다. 그러나 정과는 날마다 빠뜨려서는 안 됩니다. 미국처럼 일반적으로 일 하느라 매우 바쁘고 스트레스도 상당히 심한 곳에서는 아침저녁 일과를 빠뜨리지 않도록 아침저녁 일과를 적게 정할수록 좋습니다. 왜 그렇습니까? 그래야 당신이 빠뜨리지 않을 것이기 때문입니다. "아침에 한 시간 염불하라고 하는데 어떻게 시간을 내겠습니까? 불가능합니다."라고 말합니다. 그래서 아침저녁으로 가장 좋은 것은 「십념법十念法」을 사용해보는 것입니다. 왜냐하면 십념법에 걸리는 시간은 고작 5분이면 충분하기 때문입니다. 이 시간이면 행할 수 있습니다. 그래서 십념법을 사용해 보십시오. 십념법은 한 호흡이 다할 때 한번 염불하여 열 번 호흡하는 것입니다. 집에서 불상에 있으면 불상 앞에서 염불하고, 불상이 없으면 얼굴을 서쪽으로 향하고 염불하면 감응을 얻습니다. 아미타불을 염할 때 아미타불 넉자로 염해도 좋습니다. 아미타불·아미타불·아미타불·아미타불·아미타불 이것을 한 호흡이라고 합니다. 이렇게 열 번 호흡하는 동안 염불하면 좋습니다. 시간도 짧아서 그리 길지 않습니다. 아침에 세수를 하고서 아침 일과를 하고 저녁에 잠들기 전에 저녁일과를 하면 시간을 허비하지 않을 것입니다. 평상시는 산념입니다. 산념은 정과가 아니고 시간이 나면 염불하는 것입니다.

삼배구품은 당연히 번뇌를 조복시키는 공부입니다. 이 공부가 깊어질수록 당신의 품위가 높아집니다. 번뇌를 끊지 않고 조복시켜 머무는 것입니다. 과거에 어떤 사람이 저에게 물었습니다. "일부 염불인이 임종할 때 언제 가는지 알고 또 병에 걸리지 않고 선채로 가기도 하고 앉은 채로 가기도 하는데 저는 어떻게 공부해야 합니까?" 저는 여러분들에게 번뇌를 조복시키는 공부면 됩니다. 범성동거토는 9품이 아닙니까? 상배 3품이면 됩니다. 우리들은 할 수 있습니다. 그도 할 수 있고 나도 있습니다.

진정으로 공부가 덩어리를 이루고 싶으면 번뇌를 조복시키기만 하면 공부가 덩어리를 이룹니다. 앞에서 말한 「흔염欣厭」이 두 글자가 있어야 합니다. 「싫어함(厭)」은 바로 우리들이 이 세계를 마음 속에서 정말 놓아버리는 것입니다. 세간 일체에서 인연에 따르고 집착하지 않으며 따지지 않고, 한마음 한 뜻으로 정토에 태어나길 구하고 한마음 한뜻으로 아미타부처님을 친견하고자 하는 마음이 대단히 강렬하면 한마디 부처님 명호는 저절로 상응하고 장래에 왕생합니다. 자기가 선 채로 가는 것, 앉은 채로 가는 것을 희망하여도 만약 우리들이 이 세간에 탐욕과 미련이 있고 내려놓지 못하면 이것이 장애가 되어 행할 수 없음을 똑똑히 명백히 알아야 합니다. 세간에서 가장 큰 복보는 재산도 지위도 권세고 아니고 가장 큰 복보는 우리들이 갈 때 소탈하게 가고 자재로 가는 것입니다. 이것이 진정한 복보입니다. 스스로 잘 알아야 합니다. 서방극락세계에 가서 부처가 됩니다. 생각해보십시오! 어떤 사람의 복보가 이보다 더 클 수 있겠습니까? 이것이야 말로 진실한 복보입니다.

불교 효행경

한소식을 얻었어도 당신이 아직 깨닫지 못한 것이 있다

개오開悟하였으나 왕생往生(극락)을 원하지 않으면
감히 장담컨대 노형은 아직 깨닫지 못한 것이 있다.
만약 진실로 깨달았다면 서방극락에 왕생하니
만 마리 소라도 당기지 못한다.
-연지대사

부록 3

연지대사蓮池大師 왕생극락往生極樂 발원문

극락세계에 계시면서 중생을 이끌어 주시는 아미타불께 귀의하옵고 극락세계 왕생하기 원하오니 자비하신 원력으로 굽어살펴 주시옵소서, 저희들이 네 가지 은혜에 보답하고 삼계육도 중생들을 위하여 부처님의 위없는 도를 이룩하려는 원력으로 아미타불의 거룩하신 이름을 부르오며 극락세계에 가서나기 원하나이다. 업장은 두텁고 복과지혜 엷사와 사악박덕 못된 행동 하기 쉽고 깨끗한 공덕 닦기 어렵기에 부처님 앞에서 지극한 정성으로 예배하고 참회하나이다.

저희들이 한량없는 옛적부터 오늘에 이르도록 몸과 입과 마음으로 한량없이 지은죄업 모두참회 하오며 한량없이 맺어놓은 원한심을 모두 풀어 버리옵고 아미타부처님처럼 넓고 크고 깊고 높은 서원 세워 나쁜 짓 멀리하여 다시 짓지 아니하고 보살도를 항상 닦아 물러나지 아니하여 정각을 이루어서 삼계중생 제도하려 하옵나니 아미타 부처님 대자대비 원력으로 저희들을 증명하시며 저희들을 어여삐 여기시어 가피하시와 삼매에도 꿈속에도 아미타불의 거룩하신 모습을 보여주시고 아미타불의 장엄하신 극락세계 데려다가 아미타불의 감로수로 뿌려주고 광명으로 비춰주고 손으로 만져주고 옷으로 덮어주어 업장은 소멸되고 선근은 자라나고 번뇌는 없어지고 무명은 깨어져서 원각의 묘한 마음 뚜렷하게 열리옵고 상적광토가 항상 앞에 나타나지이다.

또 이 목숨 마치 올 제 갈 시간 미리 알아 여러 가지 병고액란 이 몸에서 없어지고, 마음에 탐진치 온갖 번뇌 씻은 듯이 육근이 화락하고 한 생각 분명하여 이 몸을 버리옵기 전에 들듯 하옵거든 그때에 아미타부처님께서 관음세지 두보살과 모든 성현 데리시고 광명 놓아 맞으시며 손들어 이끄시사 높고 넓은 누각들과 아름다운 깃발들과 맑은 향기 고운풍류 거룩 하온 극락세계 눈앞에 분명커든 보는 이들 듣는 이들 기쁘고 감격하여 위없이 깨친 마음 다 같이 발하올제 이내몸 고이고이 금강대에 올라앉아 극락삼성 뒤를 따라 극락정토 나아가서 칠보로 된

연못의 구품연꽃 한가운데 상품상생 하온 뒤에 아미타불 친견하여 미묘한 법문 듣고 무생법인 깨치오며 아미타불 섬기옵고 성불수기 친히 받아 삼신사지 오안육통 백천 가지 다라니와 온갖 공덕 원만하게 이루어지이다.

그리한 후 극락세계 떠나지 아니하고 사바세계에 다시 와서 한량없는 분신으로 시방국토 다니면서 여러 가지 신통력과 백천 가지 방편으로 무량중생 제도하여 탐진치 삼독번뇌 여의옵고 깨끗한 참맘으로 극락세계 함께 가서 물러나지 않는 자리 오르게 하려 하오니 세계가 끝이 없고 중생이 끝이 없고 번뇌업장 모두 끝이 없아올새 저희들의 서원도 끝이 없나이다.

저희들이 지금 예배하고 발원하여 닦아 지닌 공덕을 온갖 중생에게 베풀어서 네 가지 은혜 골고루 갚사옵고 삼계육도 유정들을 모두 제도하여 다 함께 일체 종지를 이뤄지이다.

나무아미타불
나무아미타불
나무시아본사아미타불

불교 효행경

- 관무량수경
도리어 팔십억 겁의 공덕을 얻는다
팔십억 겁의 생사중죄를 소멸하고
한번 하는 아미타불 염불이

연지대사 왕생극락발원문

염불성불 정토서적

염불성불 정토서적

염불성불 정토서적

염불성불 정토서적

염불성불 정토서적

독송 · 수지하는 사람과
여러 사람 여러 장소에
유통시키는 사람들을 위해
두루 회향하는 게송

경을 인쇄한 공덕과 수승한 행과
가없는 수승한 복을 모두 회향하옵나니,

원하옵건대 전생 현생의 업이 다 소멸되고,
업과 미혹이 사라지고 선근이 증장되며,

현생의 권속이 안락하고, 선망 조상들이 극락왕생하며,
시방찰토 미진수 법계, 공존공영하고 화해원만하며,
비바람이 항상 순조롭게 불고 세계가 모두 화평하며,

일체 재난이 없어지고 사람들이 건강 평안하며,
일체 법계 중생들이 함께 정토에 왕생하게 하소서.

세 가지 정업淨業
왕생극락 하는
윤회를 벗어나

저 극락세계에 태어나고자 하는 이는
마땅히 삼복三福을 닦아야 하느니라.
첫째는 부모님께 효도 봉양하고,
스승과 어른을 받들어 모시며,
자비로운 마음으로 살생을 하지 말고,
열 가지 선업을 닦아야 하며,
둘째는 삼보를 받아들이고 늘 기억하여,
온갖 계행을 구족하고 위의를 범하지 않아야 하며,
셋째는 보리심을 발하고서 인과(염불성불)를 깊이 믿고
대승경전을 독송하도록 수행자를 권진勸進하여야 하느니라.
이와 같은 세 가지 일을 정업淨業이라 이름하느니라.
- 관무량수경

아미타경 · 우란분경 · 부모은중경

1판 1쇄 펴낸 날 2025년 7월 25일
편역 무량수여래회
발행인 김재경 **편집 · 디자인** 김성우 **마케팅** 권태형 **제작** 경희정보인쇄
펴낸곳 도서출판 비움과소통
　　　서울 금천구 가산디지털2로 43-14 한화비즈2차 7층 702호
　　　전화 010-6790-0856 팩스 0505-115-2068
　　　이메일 buddhapia5@daum.net

ⓒ 무량수여래회, 2025
ISBN 979-11-6016-174-8 03220

＊ 책값은 뒤표지에 있습니다.
＊ 잘못된 책은 서점에서 바꾸어 드립니다.
＊ 전세계 정종학회에서 발간된 서적은 누구든지 번역해서 사용할 수 있습니다. 한국어판 역시 출판사로 통보만 해주시면 누구든지 포교용으로 활용이 가능합니다.